馬場・猪木をもっと語ろう！

小佐野景浩
二宮清純

廣済堂新書

カバー写真　山内猛／共同通信イメージズ
1979年8月26日、「プロレス夢のオールスター戦」で実現した最後のBI砲

はじめに

力道山が日本で初めての本格的なプロレス国際試合を開催したのは1954年2月19日の旧・蔵前国技館。その歴史は70年目に突入している。

63年12月に力道山急逝後、プロレスを引き継いだのはジャイアント馬場。209センチの身体で海外の強豪選手に体格負けすることなくダイナミックなファイトを展開する姿は、高度成長期の日本を投影しているようでもあった。

その馬場のライバルとして台頭したのが、馬場の同期のアントニオ猪木である。72年3月に猪木が新日本プロレス、同年10月に馬場が全日本プロレスを旗揚げしてから日本のプロレス界は「BI対立の時代」に突入。元号が変わる89年までの日本プロレス史はBIの対立史と言ってもよく、馬場と猪木を軸に回っていた。

猪木が実力日本一を提唱すれば、馬場は日本人初のNWA世界ヘビー級王者になり、馬場がその政治力で世界の強豪を日本に集結させると、猪木はタイガー・ジェット・シンやスタン・ハンセンといったライバルを独自に育て上げた。

猪木がプロレスの枠を飛び越えて着手した異種格闘技戦から現在の総合格闘技という新しいジャンルが生まれたが、馬場は頑なに純プロレスを貫き、そこから四天王プロレスという究極のプロレスが生まれた。

馬場と猪木が鎬（しのぎ）を削ったことによって、日本のプロレスファンは様々なプロレスを観ることができた。多くの夢を見ることができた。馬場と猪木が存在しなければ、こんなにもプロレスが多様化し、70年も続くことはなかったのではないか。

馬場は１９９９年1月31日に鬼籍に入り、猪木も昨年（２０２２年）10月１日に闘病の末に亡くなった。ＢＩがいなくなったプロレス界。子供の頃に馬場、猪木に心を躍らせ、プロレスに魅了された誰もが「昭和のプロレスが終わった」と実感したに違いない。

ならば改めて昭和プロレスとは何だったのか？　ジャイアント馬場、アントニオ猪木は何者だったのか、２０２０年に刊行された『昭和プロレスを語ろう！』の続編として、旧知のスポーツジャーナリスト・二宮清純氏と馬場と猪木を語りあった。

読者の皆さんもグラスを片手に我々の会話にぜひご参加ください。

小佐野景浩

馬場・猪木をもっと語ろう！

目次

はじめに　3

第一章　そこにプロレスがあった！――一寸先はハプニング

ネクタイ姿の馬場、裸の猪木――力道山道場での出会い　15
「ジャイアンツの馬場」のプライド　18
馬場が巨人で学んだ「世の中」　20
大きすぎる男のコンプレックス　23
巨人時代の奇跡の生還　28
「一寸先はハプニング」　30
ブラジルでの過酷な少年時代　32
「行けばわかるさ」の人生観――藤波サバンナ置き去り事件　33
ブラジルで培われた猪木の鈍感力　35
エリート扱いされないエリート　38
最初から強かった猪木　42

第二章 対立はこうして始まった――馬場の陰で猪木は苛立っていた!?

東京プロレスと猪木――「太平洋上略奪」事件 46
ギャンブル狂いだった豊登 48
プロレス興行の安定を支えた人たち 50
東京プロレスの実態 53
猪木VSバレンタイン戦の衝撃――旗揚げ戦で実現した幻の名勝負 55
鮮やかだった猪木の日本プロレス復帰 60
複雑な馬場の胸中 63
隅田川決戦――日本プロレスVS国際プロレス 67
NETの放送開始と対立の始まり 69
2局体制に反対だった猪木 70
止まらない猪木の勢い 73
猪木、馬場への挑戦表明 76

第三章 「猪木追放事件」はなぜ起きた？
——謎の乗っ取り説と元警察官

衝撃の「猪木追放事件」——当時の説明には謎がある 80
闇ドル絡みだった日プロ経理事情 82
連判状と猪木糾弾 85
不穏な空気だった「追放前夜」 89
裏社会と背中合わせだった時代 92
謎のキーパーソンは元警察官？ 94
新日本プロレス設立は追放からわずか1カ月 95

第四章 新日本VS全日本の時代
——「攻める猪木」に贈った「逃げる馬場」の回答

馬場の日本プロレス離脱、全日本プロレス設立へ 100
馬場の恐ろしさ——鶴田クーデター事件 103

仕掛人・猪木――猪木襲撃事件 111
藤原の「長州襲撃事件」は猪木の演出？ 114
馬場が仕掛けた「輪島襲撃事件」 118
全日本VS新日本、対立の構図 121
〝逃げる馬場〟がＮＷＡのベルトを奪取 125

第五章 馬場&猪木の必殺技秘話
――16文キック、コブラツイストはこうして生まれた

「ココナッツ・クラッシュ」こそ馬場スペシャルだった 132
16文キックの謎 134
逆水平チョップと脳天唐竹割り 137
「32文ロケット砲」を生んだ馬場の運動神経 139
きれいなプロレスを目指した馬場 140
全日本流ロープワークの流儀 143
今ではあり得ない、アンドレの「ロープ磔」シーン 145

国民的技だった猪木の「コブラツイスト」 149
馬場への意趣返しだった猪木の「卍固め」 151
ライバル不在が響いた坂口征二 154

第六章 馬場&猪木のベストバウト――本当の名勝負はこの試合だ!

蘇ったジャイアント馬場――ハンセン引き抜き後の初戦 160
時代を変えた「ドリーVS猪木」の名勝負 163
ドリーとは合わなかった馬場 166
猪木のベストバウトはどの試合? 169
小林戦のリアリティとロビンソン戦の嫌味 171
本物のケンカファイト――幻のバレンタイン戦 173
猪木の悪魔性――シンの腕折りとエリックの爪潰し 175
一度だけあった馬場の腕折り 177
猪木最後の名勝負――ビックバン・ベイダー戦 178
「馬場3カウント負け」の名勝負 180

幻の「馬場VSカール・ゴッチ」 181
BI砲の名勝負 184
馬場・猪木のベストタッグ 186
知られざる馬場のプロレス技術 187
信頼の馬場、疑心の猪木 191
常人には理解不能だった猪木 193

第七章 永遠の馬場・猪木

――二度と現れない両雄の本当の姿、本当の関係とは？

馬場・猪木の「あうんの呼吸」 198
知られざる「BI協定」 201
不思議な力で実現した異種格闘技戦 207
「お前はいいよな」――馬場が猪木に言った最後の言葉 210
今のプロレスは、答え合わせの「過酷なプロレス」 212
プロレスは一代限りのもの？ 216

規格外の馬場、想定外の猪木

219

第一章

そこにプロレスがあった！

——一寸先はハプニング

二宮　小佐野さんとは2020年に刊行した『昭和プロレスを語ろう！』（廣済堂出版）で、私たちが子供の頃から見てきた日本プロレス、国際プロレス、新日本プロレス、全日本プロレスを中心に昭和プロレスについて語りました。

アメリカからプロレスを持ち込み、日本のプロレスを作ったのは力道山です。その力道山が昭和プロレスの象徴であるのは間違いありませんが、力道山は1963（昭和38）年、赤坂のナイトクラブでナイフで刺されたことが原因で死亡します。しかし、力道山亡き後もプロレス熱は衰えませんでした。それは、ジャイアント馬場、アントニオ猪木という二大スターが熱烈に支持されたからで、そこに異論をはさむ余地はないでしょう。前回の本でも馬場・猪木を中心に昭和プロレスを語りましたが、今回は力道山とともに昭和プロレスに不可欠なこの二人について、もっと深掘りしていきたいと思います。

小佐野　特に僕らの世代は街頭テレビの力道山に熱狂した世代ではなく、昭和プロレスと言えば、やはり馬場・猪木です。あの二人がいなければ、プロレスだけでなく、あの時代の熱気もだいぶ違ったものになっていた。それぐらいプロレスという枠を超え、時代を背負った存在だったという意味で、二人を語る意義は大きいと思います。

ネクタイ姿の馬場、裸の猪木――力道山道場での出会い

二宮　まず、ジャイアント馬場がプロレス入りするきっかけについてです。風呂場でのケガでプロ野球（巨人→大洋）を辞めてプロレスの世界に入ったのは有名ですが、それが誰それの紹介だったという話には諸説あります。自伝（『たまにはオレもエンターテイナー』83年、かんき出版）を読むと、巨人時代に一度力道山に会ってはいたものの別にプロレスに誘われたわけでもなく、人形町の力道山道場には「フーッと人形町の力道山道場に行っていた」みたいな感じで書かれていました。

小佐野　それは菊池孝さん（最古参のプロレス記者）がまとめた本だと思います。結局、高校を中退してプロ野球に入っているし、今さら田舎にも帰れない。これからどうしたらいいのかということを考えたら、体を生かしてプロレスしかないというところだと思うんですよね。

ただ、馬場が初めて力道山道場に行った時、力道山はブラジル遠征に行って不在だった。それで出直して来てくれということで、もう一度道場に行った時、力道山がブラジ

ルから連れてきたアントニオ猪木と会っているんです。

二宮　馬場が巨人時代に力道山と出会った話は、巨人の先輩ピッチャーだった中村稔さんから聞いています。王貞治さんと巨人が契約した昭和33年のオフ、球団創設25周年のファンの集いが新宿コマ劇場であって、そこにゲストとして力道山も来ていた。その楽屋で馬場は力道山と5分ぐらい話をしたそうです。

ただ、その時したのは野球の話ばかりで、自伝によれば「プロ野球も体力のいる商売だからなぁ。野球選手はあまりやっていないようだが、首を鍛えることも、かならずプラスになるぜ。ケガも防げるしな」と力道山から言われたと……。

小佐野　その接点があったから力道山道場に行ったのかもしれないですね。ちなみに馬場が最初に力道山道場を訪ねたのは、60年の3月15日です。この年にテストを受けて巨人から大洋に移籍し、2月16日、合宿所の風呂場で腕の怪我をしてしまった。それで野球は辞め、その1カ月後に力道山を訪ねたけど、力道山は2月25日からブラジル遠征に出ていて会えなかったんですね。

二宮　その時に力道山の付き人兼レスラーだった田中米太郎に会い、力道山が日本にいつ帰ってくるのかを聞くわけですね。

力道山道場の門を叩いた時の馬場。力道山、猪木、マンモス鈴木と
（1960年4月11日　東京・日本橋浪花町のプロレスセンターにて）
提供：東京スポーツ／アフロ

小佐野　そうです。結局、力道山がブラジルから猪木を連れて帰国したのは4月10日。馬場が力道山道場を再訪したのは、その翌日の11日です。その時の写真が残っていますが、馬場がきちんとネクタイを締めているのに対し、猪木は上半身裸。さらにタイツ姿のマンモス鈴木がいて、力道山がいてという写真ですよね。馬場は力道山に会えるだろうことを想定してネクタイをしていたんだと思います。

二宮　馬場にすれば力道山と面識はあるけど、きちんと会って話をするのはその時が初めてということですよね。

小佐野　そういう写真を撮らせるということは、力道山も馬場を受け入れる気だったということでしょう。

「ジャイアンツの馬場」のプライド

二宮　ケガをした後、馬場は身の振り方を早く決めたかったという話があります。自分みたいに体が大きいとサーカスに売られるのではないかと、本気で思っていたようです。「俺だって天下の巨人で野球をやった男だ。そんなことになるのは嫌だ」と馬場は思っていた、という話を中村稔さんから聞きました。

小佐野　昔は「悪いことをするとサーカスに売られるぞ」なんていう脅し文句がありましたよね（笑）。

二宮　ありました。それはともかく、当時、プロレスは力道山の活躍で市民権を得ていましたし「自分の体を生かすならプロレスだ」と思ったとしても不思議はありません。

小佐野　のちのジャンボ鶴田や長州力にしても、この体で飯を食っていくにはプロレスしかない、というのがあったと言います。

二宮　話は違いますが、馬場は自分が初の新潟県出身のプロ野球選手だと思っていたようです。実際は馬場より先に数人（金星スターズの渡辺一衛など）いましたが、有名選手ではなかったし、馬場は天下の巨人軍ですから、そう思い込んだのもわかります。

小佐野　「馬場さんの根本は〝ジャイアンツの馬場〟。それが大きかった」と天龍源一郎も言っていましたし、馬場には、あの巨人のピッチャーだったというプライドが最後まであったんですよ。野球はダメだったけどプロレスで成功し、ハワイにコンドミニアムも所有して、巨人の長嶋茂雄さんや王貞治さんをはじめ巨人の選手たちがハワイに来た時、対等な立場で会うのが好きだったということですからね。

二宮　当時のジャイアンツの選手のステイタスを考えれば、わかりますね。入団時は、もの凄い地元の応援で送り出されているはずですよ。

小佐野　84年、全日本プロレスが日本テレビの正月番組『番組対抗かくし芸大会』で賞をもらってグアムに行ったんですよ。その時、巨人もグアムで春季キャンプをやっていたので、取材同行していた僕は馬場を連れ、アポなしで球場に乗り込んだんです。それでも王監督はちゃんと迎えてくれ、写真も撮らせてもらいました。

二宮　天下の王貞治でも馬場は巨人の先輩になるわけですからね。

馬場が巨人で学んだ「世の中」

二宮　馬場は三条実業高校（現・新潟県央工業高校）を2年で中退し、巨人入りしています。ドラフトのなかった当時、こういう選手は結構いましたし、支度金20万円、月給1万2000円も当時としては悪くありません。ただ、本人に聞いた話では「試合であまり使ってもらえなかった」と。当時の巨人には関西や九州、中四国、東海の選手が多く、新潟出身の自分にはコネがなかったと言っていました。

小佐野　付け届けをしていなかったのも良くなかった、とも言っていましたね。

二宮　その話も本人から聞きました。馬場は55年の入団で監督は水原茂さんですが、当時、2軍の選手間でコーチや監督にお歳暮やお中元を贈るのはやめようという申し合わせがあったようです。馬場はそれに従っていたのですが、ある時、監督の部屋に行ったら、2軍選手の名前が書いてある贈答品がたくさんあったと（笑）。「俺は田舎者だから知らなかったんだよ。世の中って、そういうふうに渡っていくものなんだな」と苦笑していましたね。

小佐野　そのことはよほど身に染みたんでしょう。その教訓を全日本のレスラーたちに教えたので、皆、お歳暮なんかはちゃんとしていましたね。２０１５年1月31日の馬場の17回忌のパーティーには、巨人で活躍された同期の国松彰さんがいらっしゃっていましたから、仲が良かったんでしょうね。

二宮　馬場は高校中退で、国松さんは大学（同志社大）中退。同じ55年の入団ですが、ドラフトがなかったあの時代は、同期でも入団月はまちまちです。ただ、同期入団のよしみはあったと思いますね。

小佐野　プロ野球選手としての馬場の評価はどうだったんですか？

二宮　巨人の名二塁手だった千葉茂さんから聞いた話では、馬場は動きがのろく、バント守備ができなかったと言うんです。ただこれは、当時の新潟の、無名校の野球レベルの問題で、そういうプレーを教わっていなかっただけではないかと思います。当時は甲子園の常連校と地方の無名校の野球では、今以上に野球格差がありました。だから、プロ野球時代の馬場には、〝ウドの大木〟的な印象批判が多分にあったんじゃないかと。でも、それは誤解ですよ。

よ。

小佐野　器用だし、運動神経もいい。反射神経も凄く良くて、卓球なんかも上手でしたよ。

二宮　そうでしょう。体が大きすぎるがゆえの印象で、不器用に見えただけだと思うんですよ。プロ野球での成績を見れば、巨人2年目の56年には2軍で12勝1敗、57年には2軍で13勝2敗（当時の2軍は公式戦がなかったため非公式記録）。57年には1軍のマウンドも三度経験し、7回投げて防御率1・29と好投しています。つまり、馬場には決して野球の実力がなかったわけではない、チャンスに恵まれなかったんです。だから、馬場の中での巨人時代は、アスリートとしてはエリート中のエリートである巨人の選手という誇りとチャンスに恵まれない不遇、これがないまぜになった複雑な時期だったのだろうと思いますね。

小佐野　だからこそ、今度こそプロレスで成功して見返したい思いは強かったんだと思いますね。

大きすぎる男のコンプレックス

二宮 ところで「ジャイアント」というリングネームは誰が付けたんですか？ 身の丈の大きさだけではなくジャイアンツの選手だったこともダブらせた、これ以上ないリングネームですけど、力道山が付けたんですか？

小佐野 わかりませんが、力道山の感性なら思いついたかもしれないですね。本当にイメージもピッタリだし、馬場のプロフィールも兼ねたようなリングネームですね。

二宮 新聞などの表記だと「G馬場」になるじゃないですか。昔は巨人のYGマークが付いた帽子を被っている子供が多かったし、「G」という文字が表記になっていたのは、人気やステイタスの面でも大きかったと思います。

小佐野 しかも、後の馬場はプロレス中継の顔となって、プロ野球中継とともに日本テレビのエースになるわけで、そこでもリンクするわけじゃないですか。

二宮 最初は本名の「馬場正平」でプロレスデビューしていますね。

小佐野 馬場のデビュー戦は60年の9月30日（田中米太郎とのシングルマッチ）ですが、

その時は馬場正平です。「ジャイアント馬場」になったのは、61年から63年春にかけてアメリカ修行に行かせてもらって、帰ってきてからです。アメリカでは「ショウヘイ・ババ」が多かったと思いますが、他にもロサンゼルスでは「ショウヘイ・ビッグ・ババ」、ニューヨークでは「ババ・ザ・ジャイアント」だったと言われています。

二宮　梶原一騎さんの劇画では「ビッグ・ババ」で出てきた記憶があります。

小佐野　「ジャイアント馬場」は帰国後の日本用のリングネームで、それ以後は海外に行っても、そのままジャイアント馬場でした。

二宮　ヒゲを生やしたのもその頃、ヒールをやっていた頃ですね。

小佐野　ニューヨークに行っていた頃で、下駄を履いて、浴衣を着て、四股を踏んで、というスタイルでした。

二宮　あの身長で下駄を履いたら威圧感がありますね。後にアンドレ・ザ・ジャイアントという馬場以上の巨人が現れますけど、当時、馬場以上の長身レスラーはいたのかな？　いたとしても実際の身長はわからない。スカイ・ハイ・リー（カナダ出身レスラーで身長２０３㎝とも２１０㎝とも言われる）もデカかったですけど。

小佐野　スカイ・ハイ・クルーガー（身長１９８㎝とされるアメリカ人レスラー）とい

ジャイアント馬場ではなく「ミスター馬場」としてアメリカから凱旋帰国し、羽田空港内で力道山の出迎えを受ける（1962年3月17日）

うのもいましたけど、あの当時は馬場より大きい人はいなかったと思いますね。

二宮　馬場は2ｍ9㎝と言われていましたからね。

小佐野　たしか本人は「アメリカで一人だけ自分より大きい選手がいた」と言っていたような気がします。有名な選手ではなかったと思いますが。

二宮　日本では大きいと言われてもアメリカに行くとそうでもないケースが多い。でも馬場は本当に大きかった。これがアメリカ人に対してもコンプレックスを抱かなかった理由だと思うんです。ところが皮肉なことに、日本にいるとどこに行っても目立ってしまうから、逆にコンプレックスになってしまうんでしょう。結局、自分の身体的特徴からは逃れられない。だったらこの身長を活かすしかないと、どこかで覚悟を決めたんじゃないかと思うんです。

小佐野　当時の日本プロレスの巡業は列車移動なんですよ。駅で馬場が降りてくれば当然目立つし、人が群がってくる。それは同時に「今日はプロレスがあるんだ」という宣伝効果が大いにあった。まさに歩く広告塔ですよね。でも、馬場にしてみればそれは心地いいものではなかったので、旅館に入ったきり出てこなかったようです。

二宮　私は四国の愛媛の生まれで、時々「馬場が松山に現れた」とか情報が入ってくるんです。それを聞いて「2、3日後にはウチのほうにも来るかな？」とか思ったりしたものです。印刷の都合でスポーツ紙の情報は1日遅れ。まだ、そんな時代ですよ。

小佐野　あの頃は外国人も一緒に列車移動です。田舎の人は外国人だってめったに見たことがない時代ですからね。2m超えの馬場と外国人をセットで見て「わあ、凄いな」というのが基本でしたね。

二宮　プロレスというのは闘う前に、身体を見せるところからビジネスが始まっているわけですよね。

小佐野　今はデスマッチファイターとして知られる葛西純（FREEDOMS所属）は、北海道の田舎の子で、小学生の時に馬場を見て「デケェ！」と仰天して馬場のファンになり、全日本プロレスに入門しようとまで思ったらしいです。彼に限らず、子供の頃にジャイアント馬場を見た人たちの衝撃は大きいはずですよ。

二宮　例えば、180㎝の人なら自分よりこれぐらい高いとか低いとかわかるけど、2mを超える人なんて周りにいないから、高さの感覚がわからないですよね。

小佐野　はっきり言えば、馬場が本当に2m9㎝だったのかどうか、本当のところはわからない（笑）。

二宮　日本人で初めてＮＢＡにドラフトされた岡山恭崇さんも２ｍ超えのアスリートとして有名でしたが、２ｍ24㎝、２ｍ28㎝と身長がどんどん伸びていったんですよ。

小佐野　アンドレもずっと伸びていたみたいですね。

巨人時代の奇跡の生還

二宮　巨人時代に脳腫瘍の手術をした話を本人に聞かれたことはありますか？

小佐野　最初に診てもらった医者からは「按摩になれ」と言われたって言っていましたね。

二宮　「按摩になれ」はショックだったみたいですね。つまり目が見えなくなるからということでしょう。だから、手術をしてくれた東大病院の清水健太郎医師を恩人だと言っていました。あの先生でなかったら、自分は生きていたかどうかもわからないと。

小佐野　その後は視力が落ちたわけでもないし、眼鏡もかけていなかった。按摩にならなくてもよかったわけですし。

二宮　手術しても完治の可能性は１％で、99％は助からないと最初の医者には言われていたみたいですからね。

小佐野　生きていられる可能性もほぼないと宣告された状況から、ほぼ元通りの体で生還できたのは大きかったでしょうね。

二宮　まさに奇跡の生還です。強い星の下に生まれてきたんでしょうね。大病を克服したばかりか、その後、一番体に良くないプロレスをやるんですから。どうせ一度死んだ身だという捨て身の覚悟を感じる生き方ですよね。

小佐野　猪木が後に国会議員になったり事業に手を出したりしても、馬場は手を出しませんでした。「『俺にはプロレスしかない』という意識は凄くあった」と言っていましたね。だから死ぬまで現役を続けたし、逆に言えば、馬場にプロレスがなかったらどんな人生を送っていただろうか、と思いますね。

二宮　力道山は最初は力士だし、馬場も野球選手と、最初からプロレスラーを志した人ではないですよね。力道山の実力なら、おそらく相撲でも大関、横綱まで行けたと思いますが、「朝鮮籍の力士は大関・横綱にはなれない」と言われて髷を切ってしまった、と本人が語っています。やはり挫折を踏み台にしているわけですよ。馬場も野球でうまくいっていたらプロレスの世界に来ることはなかったはずです。

「一寸先はハプニング」

小佐野　そこへいくと猪木の場合は、子供の頃からプロレスを見ていて力道山のことも知っていた。それで中学生の時に相撲に誘われてもいるんですが、力士は嫌だけどプロレスラーならという意識はあったようです。弟の啓介さんが「もともと兄貴はプロレスラーになる気はあったんですよ」と言っていますからね。猪木家としても「寛至をプロレスラーにさせたい」という気持ちはあったみたいです。

力道山はブラジル遠征に二度行っているんですが、二度目の時に、猪木少年が陸上大会で優勝した記事が新聞に載っているのをたまたま力道山が見て、「この日本人の少年は誰だ？」と、伝手をたどってスカウトしたということです。

二宮　確か砲丸投げで活躍していたんですよね？

小佐野　砲丸投げと円盤投げもやっていたようです。

二宮　体格もいいし、運動神経もいいと見込んだんでしょうね。馬場の場合は、脳腫瘍や野球での挫折がバネになったとすれば、猪木の最初の挫折というのは、ブラジル行きの船の中でおじいさんが亡くなった体験でしょうか。

小佐野　猪木が中学2年生の時、おじいちゃんがブラジルに行こうと言い出して行ったものの、青いバナナを食べてパナマ沖の船中で亡くなってしまった。しかも、いざ行ってみたらコーヒー園での奴隷みたいな生活が待っていたわけです。

二宮　猪木のあの奇想天外な発想は、そこが原点かなという気がしますね。一番尊敬し、「何でもいいから世界一になれ」と言っていたおじいちゃんが、突然目の前からいなくなってしまった。それは猪木少年にとっては人生観が変わるぐらいのショックだったと思いますね。

小佐野　猪木の有名な「一寸先はハプニング」という言葉は、すでに中学2年生の時に植え付けられていたということですよね。

二宮　普通はそんな経験はしません。しかもその時、おじいちゃんの遺体を海に捨て、弔うという場面も見ている。猪木少年の心やいかに？　という壮絶な場面です。

小佐野　家族みんながそうだったんでしょうけど、未来が全く見えない状況ですからね。そういうことがあったからか、ある意味、猪木家の人たちはみんな普通ではないですね。

ブラジルでの過酷な少年時代

二宮　中学生ぐらいの時に猪木の自伝を読んで感動したのを覚えています。ブラジルの太陽の話が出てきますよね。

小佐野　ブラジルの太陽はデカくて……という話ですよね。

二宮　ブラジルの大地に沈むデカい太陽を見れば、クヨクヨしなくなるでしょうね。猪木は日本的な常識や価値観からは、はみ出した想定外の発想の持ち主でしたから、一般の日本人にはついていけないところがあった。あの「想定外」の原点はやはりブラジルにあるんでしょうね。

小佐野　そうでしょうね。ブラジルに渡った猪木家は、最初はコーヒー園で奴隷のような生活を強いられたようですが、わずか1年ぐらいで自分たちの土地を買い、エスペランサという自分たちの農場も作った。その後、サンパウロに進出するんですが、そこまでを3年ぐらいでやってのけた家族ですからね。

二宮　最初は荒れ果てた耕地に連れて行かれて、そこで開拓しろと言われたわけでしょう。

小佐野　軍手をしてもすぐにボロボロになってしまうので、素手でやっていたと言っていましたね。

二宮　その辺に野生の動物がうろうろしていて、怖くて家まで走って帰ったという話もあります。リスクなんてものじゃなく、いつ死ぬかわからないような環境ですよ。

小佐野　それを一番多感な時期に経験したわけですからね。

「行けばわかるさ」の人生観──藤波サバンナ置き去り事件

二宮　いつか藤波辰爾に「猪木さんとの思い出で一番印象に残っていることは？」と聞いたことがありました。そうしたらアフリカだと言うんです。

小佐野　新日本プロレスが旗揚げして間もない頃、猪木の付き人だった藤波がアフリカ（タンザニア）のサバンナみたいなところに置き去りにされたという話ですね。

二宮　テレビのロケで行って、「ちょっと用事ができたから先に帰る」と猪木がいなくなっちゃった。藤波は仕方なくマサイ族がいて猛獣がうろつくようなところでテント泊したらしいんですが、死ぬんじゃないかと思ったと言っていました。

小佐野　当時の藤波はヨーロッパに行く前ですから。日本プロレス時代に選手の慰安旅行でハワイに行ったぐらいで、外国はほとんど初めてだったと思いますよ。

二宮　「僕を一本立ちさせるためにそうしたんでしょう」と藤波は言っていましたけど、本当にそうかな（笑）。猪木は自分が過酷な環境で育ったから、そんなの当たり前だろう、ぐらいの感覚だったんじゃないでしょうか。そのあたりの鈍感力は、普通の人の物差しでは計れないものがありましたね。

小佐野　猪木のいたずら心もあったと思いますね。ブラジルでは何もないところからのスタートだったから、「そんなことでは死なねえよ」「どうにかなるさ」みたいな感覚が、猪木には常にあった。だからこそ「迷わず行けよ。行けばわかるさ」という言葉に行き着くんだと思うんですけど。

二宮　まさにその人生観ですよね。昔、週刊誌で猪木の連載を担当させてもらったことがあるんですが、本当に楽しかった。会うたびに発見があり、ハプニングがありました。だから、猪木に何か期待して「裏切られた」と言う人がよくいましたが、そう思ったことは一度もありません。ただ、いわゆる一般社会の物差しがあれほど通用しない人はいなかった。あのスケール感は圧倒的でした。

ブラジルで培われた猪木の鈍感力

小佐野　力道山にスカウトされて猪木が来日し、馬場と同日デビューをしたのが、１９６０年の９月30日です。大木金太郎とやって負けています。当初のリングネームは本名の「猪木完至」で、「アントニオ猪木」になったのは62年からです。入門してから63年９月15日に力道山が死去するまでの３年半、力道山の付き人を務めたわけですね。

二宮　力道山の馬場と猪木の扱いは全然違っていて、同じ新人でも馬場は特別扱い、猪木は殴られるのは日常茶飯事だったと公言していましたね。

小佐野　その過酷さに猪木が耐えたのは、少年時代のサバイバルな日常があったおかげでしょうが、その後、今度は別の地獄が待っていました。64年から65年にかけては猪木のアメリカ修行時代で、それを終えて日本に帰ってきた66年、猪木が23歳の時、豊登に誘われて東京プロレスの旗揚げに参加します。しかし東京プロレスの興行はテレビが付かなかったこともあってうまくいかず、当時の金で５０００万円という途方もない借金を背負わされてしまった。

二宮　昭和40年代初頭の5000万円といえば、今の価値なら2億円は下らないでしょう。それを23歳で背負うのはとんでもない経験です。後のモハメド・アリ戦（76年）でも多額の借金を背負って、やむなくそれを励みにしたと言っていましたが、普通の人なら神経がもたない。やはり、少年時代に培われた〝鈍感力〟のレベルが違ったんだと思いますね。

小佐野　後に「ブラジルでのことを思ったら、別にどうってことねえや」と言っていましたが、そういう感覚はあったようですね。借金も、ある程度の金額を超えたら「何億だろうと関係ねえや」という感覚だったのかもしれませんね。

二宮　国会議員時代、ちょくちょく議員会館に話を聞きに行ったんですが、その時、赤鉛筆や筆箱、文具類が机の上に置かれていた。「猪木さん、可愛いのを使っていますね」と聞いたら、「俺はこういうものを買ってもらったことがなかったんだ」と言うんです。多額の借金を背負っても「どうってことねえよ」と言う人が、「俺の鉛筆どこいった？」とか言っているのを見て、可愛い人だなと思いましたね（笑）。

小佐野　ブラジルでは学校に行ってないわけですからね。日本に帰ってきてから力道山邸に住み込みだった猪木の話を、百田光雄（力道山の次男）さんに聞いたことがあります。光雄さんと猪木はほぼ同年代ですが、中学2年生でブラジルに渡った猪木は漢字の読み書きがあまりできなかった。それで一生懸命、漢字の勉強をしたり、喋り方の勉強もしていたみたいです。真面目な人だった、と言っていましたね。

二宮　基本的に賢い人だし、努力家ですよね。よくプロレスラーは「バカじゃできないし、利口すぎてもできない」と言われますが、その両極端を持っていた人でした。ところで、馬場と猪木がお互いを意識し始めたのはいつぐらいからなんでしょうか。

小佐野　猪木に聞いた話では、猪木が海外修行から帰ってきて、豊登に「日本プロレスにいても一生馬場の上には行けんぞ」と言われ、東京プロレスに行った頃からのようです。ただ、それも自分からではなく、豊登やマスコミに焚き付けられて意識するようになったらしいんです。二人が入門したての頃は馬場はもう大人でしたが、猪木は高校2年生の年齢ですから、意識するには年が離れすぎていましたね。

エリート扱いされないエリート

二宮　力道山は馬場をエリートとして扱い、猪木はよく靴べらで叩かれたりして、付き人扱いだったと、よく言われます。実際、猪木も力道山に関しては、ある時期まであまりいい感情を持っていなかった印象があります。

　猪木が力道山とスパーリングをした時の話を聞いたことがあるんですが、「力道山は強くなかった。もう俺には勝てなくなっていましたね」とまで言っていたんですよ。でも力道山にしてみれば、スパーリングパートナーにしたということは、猪木の才能を買っていたんだと思うんです。

小佐野　馬場と猪木の扱いには差があったとよく言われるんですが、客観的に見れば、猪木もエリートだったんですよ。デビュー3戦目で田中米太郎に勝っているし、4戦目でもミスター珍と引き分けている。負けたのは、デビュー戦の大木金太郎だけです。体格的に見ても、馬場が大き過ぎただけでのことで猪木も十分に大きいし、力道山はわざわざブラジルの日系二世だと偽のプロフィールを作ってまで売り出そうとしていたんですよ。

二宮　力道山は、猪木をテレビドラマ（『チャンピオン太』梶原一騎原作の漫画を実写化）に出して売り出そうとしていた。死神酋長の役でしたね。

小佐野　死神酋長に扮した写真を見ると、これが似合っているんですよ。いい体をしているし、バタ臭い顔にペイントをしているから、ちゃんと酋長に見えるんですよ。

二宮　力道山もその役をいたく気に入っていたようですが、猪木自身はそれが凄く嫌だったと言っていました。力道山には恩を感じている一方で、そんなことも含め、いろいろ辛い思いをさせられたという複雑な思いがあったんでしょうね。

小佐野　さっきのスパーリングの話ですが、若手や後輩とのスパーリングは、基本、教えるためにやるので、若い選手に攻めさせるのが一般的で、ことさら関節を極めたりはしません。稀にしごく時は、ラッパ（顔を塞いで息苦しくさせるイジメ技）をかますこともあったようですが、力道山も猪木も若い選手相手のスパーリングは、「いいよ、やってきなよ」というスタンスだったと思います。

二宮　ということは、力道山はあくまで胸を貸していただけで、俺のほうが強いと猪木が思い込んでしまった可能性もあると？

小佐野　それもあると思いますし、そうは言っても、やはり猪木は強かった、というのもあると思います。その頃には力道山よりも本当に強くなっていたかもしれません。

二宮　なるほど。まあ、力道山は相撲上がりだから寝技や関節技は立ち技に比べると得意ではなかったでしょうからね。

小佐野　力道山をコーチした沖識名（後に日本プロレスのレフェリーとして活躍）も相撲の人ですし、どこかで学んだ可能性はありますけど、得意ではなかったでしょうね。あと、猪木のデビュー当時の話で聞いたのは、受身が上手く取れなかったという話です。足がうまく抜けなかったらしいんですよ。それで、足に縄をつけて先輩が引っ張り、スパンと倒すような練習をして受身を覚えさせたっていうことです。

二宮　器用なイメージがある猪木にしては、意外な話ですね。そう言えば、馬場に猪木のドロップキックの話を聞いたことがあります。猪木のドロップキックは、正面から打つと、体がくの字になって尻から落ちていた時期がありましたね。馬場は、猪木の受け身が下手だとまではさすがに言わなかったけど、「あれじゃケガをするよ」みたいなことを言っていた。ドロップキックは普通は回転して、腹から落ちるのが基本でしょう。

小佐野　最終的には体を横にして飛ぶようになりましたね。

二宮　最初の頃は正面飛びでバランスが悪かったんですよ。そう考えると、猪木は器用そうに見えて意外と不器用だったりするところもある。それとも、あえて逆をやろうとしたのかな。逆に馬場は不器用そうだけど意外と器用だと。

小佐野　「猪木さんは意外に不器用だった」ということを、みんな言いますね。

二宮　やっぱりそうなんですか。大木金太郎も立ち技から寝技まで全部できたけど、どう見ても不器用でしたよね。

小佐野　大木は体は硬いし、相手にするのが大変だったと、後輩レスラーたちが証言していますね。今は当時の三羽ガラスとして馬場・猪木・大木の三人を言いますけど、本当は馬場・猪木・マンモス鈴木で、マンモスがダメで大木が浮上したわけですからね。

二宮　マンモス鈴木は体は良かったけど、精神面が弱かったと言われています。

小佐野　馬場と一緒にアメリカに出してもらったのに、ホームシックにかかって帰ってきてしまった。それで力道山に怒られて復帰したのはいいけれど、また途中で熱海に逃げて連れ戻されたりしていたみたいです。あの風貌だから、逃げてもすぐに見つかってしまう。

二宮　逆に言えば、それでも力道山が連れ戻そうとしたぐらいだから、やはり素質があったということなんでしょうね。

小佐野　猪木が若手時代に勝てなかったのは、馬場、大木、マンモスの三人だったんですが、最終的にはマンモスには勝てたんです。ただマンモスに勝ったら、力道山に「何でお前、マンモスに勝ったんだ！」と怒られた。売り出し中のマンモスに勝ってはいけないという雰囲気を、猪木は薄々感じていたみたいです。

二宮　マンモス鈴木と言えば、〝消えたホープ〟のような記憶があります。

小佐野　マンモスは２ｍあるんじゃないかという身長（１９３㎝）で、馬場がいなければ一番大きかったんじゃないですか。現役引退後、国際プロレスでレフェリーをやりましたが、あんなデカい人がレフェリーではレスラーが霞んでしまいます（笑）。

最初から強かった猪木

二宮　話を戻しますが、小佐野さんの見立てでは馬場だけでなく、猪木もエリートだったと。ただ、育て方には違いがありましたよね。

小佐野　馬場は最初から商品になったんです。何と言ってもあの身長だし「ジャイアンツにいた馬場」というのもありましたからね。

二宮 なるほど。猪木はモノはいいけど商品にするには時間がかかるから、じっくりいこうと。力道山という人は眼力もあるけど、育てるセンスも抜群ですね。

小佐野 そう思います。でも、当時の試合記録を調べると、猪木はやっぱり強い。大木は別として、若手の中では誰も敵わないぐらい強いんですよ。ベテランの吉原功にも勝っていましたからね。

二宮 吉原さんはアマレスで相当活躍した人で、後に国際プロレスを立ち上げます。体が大きかったらプロレスラーとして成功していたでしょうね。

小佐野 日本で初のアマチュア・レスリング出身レスラーですね。その人を猪木はデビュー1年ぐらいで抜いていますからね。

二宮 確か日本プロレスでもチャンピオンになっていますよね？

小佐野 日本ライトヘビー級王座を獲っています。猪木はその辺を争っていた吉原とか大坪清隆といった人たちと、わずか1年で互角に試合ができるようになっていたんです。デビュー2カ月後にはすでにユセフ・トルコ（日プロ・新日でレフェリーとしても活躍）にも勝っていますからね。

この頃の話として、力道山は馬場、猪木、大木の3人によくスパーリングをやらせていて、その中で猪木が一番強くて、次が大木、馬場が一番弱かったという話がまことしやかに伝わっていますが、猪木に聞いたら「そんなことやってないよ」と言っていましたから、どうやらフェイクのようです。

二宮　菊池孝さんが「プロレスをやらせたら一番強いのは馬場。アマレスは猪木で、ケンカをやらせたらは大木の金ちゃんだ」とよく言っていました。力道山と親しかった菊池さん一流の言い方ですが、イメージとしてはわかりますね。

第二章

対立はこうして始まった

——馬場の陰で猪木は苛立っていた!?

東京プロレスと猪木――「太平洋上略奪」事件

二宮　二人の間にいつから対抗心が芽生えたのか、という話に戻りますが、やはり決定的だったのは、日プロ末期（１９７１年12月）の猪木のクーデター未遂事件ということになりますか。

小佐野　その頃になると、馬場派と猪木派に分かれていましたね。猪木がアメリカに行って、帰ってきたのが66年の３月ですが、先に海外修行から帰国して活躍していた馬場に負けまいという気持ちはすでにあったと思います。それで66年の第８回の『ワールドリーグ戦』で凱旋帰国するために、猪木はハワイに入った。そこに馬場と吉村道明がやって来て、合同特訓という形で絵作りをするんです。

二宮　ところが、そこに豊登が横からスーッと入ってきて猪木を口説いた。それで東京プロレスに行くことになったわけですね。

小佐野　そうなんですが、猪木に話を聞くと、凄い決意を持って行ったという雰囲気でもないんです。「ハワイに豊さんが来て話をされて、まあ、それで行ったんですよ」み

ハワイで豊登と合流し、東京プロレスに参加表明した猪木

たいな軽い感じで、心の葛藤もなかったみたいに言うんですよ。ただ、馬場のことは意識していたようで、東京プロレスを旗揚げする前に馬場に公開挑戦状を出したりしています。二人のライバル関係が本格化したのはそこからですよね。

二宮　豊登も力道山亡き後はポスト力道山と目され、日本プロレスの社長まで務めた人ですが、東京プロレス旗揚げ以前には日プロを追い出されていた。あれはやはりお金の問題ですか？

小佐野　そうです。とにかくギャンブル好きで会社の金をどんどん持ち出していた。だから豊登は東京プロレスの社長になれなくて、最初の社長はマサ斎藤（斎藤昌典）

です。その後、「お前が社長だ」と言って猪木を口説き、猪木を社長に据えたわけです。

二宮　それが世に言う「太平洋上略奪事件」。プロレス界は単なるトラブルを事件化し、劇場化することに関しては昔から長けていました。

ギャンブル狂いだった豊登

小佐野　こうしてハワイに残った猪木のところにマサ斎藤がやって来て、しばらく猪木のトレーニングパートナーをやっていた。帰国してからの猪木は、最初はホテル・ニューオータニに泊めてもらったらしいですが、その後は渋谷の隣から色っぽい声が聞こえてくるような連れ込み宿みたいな所に放り込まれたらしいです（笑）。

二宮　すでにお金がなかったということですね。豊登にスポンサーはいたんですか？

小佐野　布団の中に札束が敷いてあるのを見せられたと、新間寿さんも言っていましたから、いたことはいたんでしょうね。

二宮　後に新日本プロレスを牽引し、一大ブームを巻き起こした新間さんとの出会いは、どこにあったんでしょう。

小佐野　力道山道場で知り合ったはずです。新聞さんは化粧品会社のサラリーマンだったんですが、ずっと豊登のスポンサーみたいなことをしていたんです。そしてある時、豊登に札束を見せられ「資金があるから大丈夫だ。だからお前も会社を辞めて手伝え」と。ただ、ギャンブル狂いで、猪木も帰国してすぐに博打や競馬に連れて行かれたと言っていたような人ですから……。

二宮　私は豊登というレスラーが好きでした。体はずんぐりむっくりだけどナチュラルなパワーがあり、ちゃんとやっていたらブルーノ・サンマルチノになっていたんじゃないでしょうか。力道山亡き後はメインを張りましたからね。

小佐野　エースの座を馬場が引き継ぐまでの2年間務めましたね。

二宮　技といってもベアハッグぐらいしかなくて、裸になって腕を交差させるとカッポンカッポンと音がして、あれを子どもたちが真似をする。当時、やせっぽちだった私は、あのカッポンカッポンができなかった。どれだけ寂しい思いをしたことか（笑）。

小佐野　僕は豊登には日プロ時代の記憶はなくて、新日本プロレスになってから初めて生のファイトを見たんです。それにしても、よく力道山が亡くなった後、豊登を社長にしましたよね（笑）。遠藤幸吉、芳の里、吉村道明もいたわけですし、他の選択肢があったと思うんですが。

二宮　豊登が去った後、三代目社長に就任した芳の里は若手の頃、下駄を履いて登場し、試合中にそれをリングに持ち込んで殴るという悪党ファイトでアメリカで名を上げました。リングネームは「デビル・サト」でしょう。子供の頃、その芳の里が社長になったと聞いて、悩みましたよ。世の中に下駄で人を殴るような社長はいませんから（笑）。

小佐野　豊登のような人が力道山の後の社長に就いたのは、今考えると不思議なことですが、あの時代、日プロの社長はレスラーじゃないとダメだったという不文律がまずあった。それで力道山に次ぐナンバー2レスラーだった豊登が社長になるのが自然な形ということだったんだと思います。

プロレス興行の安定を支えた人たち

二宮　力道山亡き後、遺産を引き継いだ百田家は日プロの株を持っていたはずですが、百田家はその後、日プロの経営に携わっていませんね。

小佐野　もともと日プロを運営していたのは「日本プロレス興業株式会社」という会社

でしたけど、力道山の死後、この会社の社長に妻の百田敬子（現・田中敬子）さんがなっているんです。リキ・エンタープライズという事業会社の社長にも敬子さんが就任しています。その一方で、日プロ自体は豊登、芳の里、遠藤幸吉、吉村道明の四天王体制になって、彼らは力道山が遺した会社とは別に「日本プロ・レスリング興業株式会社」という新会社を作ったんですよ。その社長に豊登がなったんです。

二宮　名前を少しだけ変えて、力道山から引き継いだような体裁をとったんですね。

小佐野　そうなんです。こうすれば力道山の負の遺産は全て、敬子さんが引き継いだ日本プロレス興業株式会社に行って、その一方で、対外的には力道山の遺志を継いだという形でやっていくことができたんです。

二宮　日本プロ・レスリング興業株式会社に敬子さんは全く噛んでいなかったんですか。

小佐野　噛んでいませんね。その会社とは別に「日本プロレス協会」という業界組織もあったんです。加盟は日プロ1団体だけですけど、そこがプロレス界のコミッショナーの役割を果たしていた。だから、東京プロレスの社長になった猪木はそこに加盟しようとして、却下されています。その日本プロレス協会の会長というのが児玉機関で知られた児玉誉士夫さんで、副会長が田岡一雄（山口組組長）さん、監査役に町井久之（東声会会長）さんと平野富士松（東亜友愛事業組合理事長）さんという顔ぶれでした。

二宮　このあたりまでは、戦後史のさまざまな場面に絡むフィクサーたちが、表舞台に顔を出していた時代ですね。

小佐野　そうなんです。しかし時代は変わりつつあって、警察も頂上作戦（暴力団の殲滅作戦）の真っ只中だったし、彼らと関わっていると体育館が借りられなくなったり、いろいろと支障が出始めた。それで65年2月に田岡さん、町井さん、平野さんは辞任するんです。その代わり副会長は作らず、監査役として馬場が入った。馬場はここで初めて重役になったんです。その1年後には児玉さんも辞任して、元衆議院議員の平井義一さんが会長になるという流れでした。以降、日本プロレス協会の会長は時の自民党の副総裁が務めるという時期があったんですが、今となってはこの組織の実態はわかりません。資料が出てこないんですよ。

二宮　資料が出てこないということは、あまり表沙汰にしたくないことが多かったということかもしれませんね。

小佐野　実は、日本プロレス協会だけでなく、力道山時代の日本プロレス興業株式会社にしても、選手への給料は力道山が直接手渡すなど、あまり会社の体を成してはいないんですよ。

二宮　プロレスの場合、未だにボクシングの「一般財団法人日本ボクシングコミッション」のような業界を束ねる統一コミッションがありませんが、日本プロレス協会の顔ぶれからして「俺たちが認可しないとプロレス興行はできないよ」ということだったんでしょうね。ちょっとコミッションの色合いが違う。

小佐野　だから、あの当時の興行は今より格段に安定しているんです。関西方面なら田岡さんの神戸芸能社が一手に引き受けるといった具合で、揉める要素がないですよね。

東京プロレスの実態

二宮　東京プロレスの話を深掘りしたいのですが、日本プロレスを追放された豊登が猪木をハワイで口説いて東プロ誕生の流れになりますね。ただ、猪木も豊登の悪い噂は聞いていたはずです。どうして豊登と組むことになったんでしょうか。

小佐野　猪木は若手の頃、豊登に可愛がってもらっていたし、アメリカに行けたのも豊登が社長になってからのことですからね。それで猪木はアメリカでの空白期間があったので、豊登の金使いまで知らないわけですよ。ハワイで会って、「寛至、このままワールドリーグ戦に帰ってきても、馬場より上には行けないよ。俺の所に来れば、お前が社長でエースだから」と言われ、「ごっつぁんです」みたいな軽いノリだったようなんです。

二宮　猪木も若かったし「迷わず行けよ」の精神は当時からあったんでしょう。日プロとの契約上の縛りはなかったんですか？

小佐野　海外に出てしまっていたから、契約書も何もないんですよ。あの時、日プロから東プロに行って除名処分になっていないのは猪木と北沢幹之だけで、それ以外はみんな除名です。だから、東プロが潰れた時、ラッシャー木村とかマサ斎藤とか日プロをクビになった連中は連れて帰ってこられなかった。永源遙とか柴田勝久とか東プロデビュー組は連れてくることができたんです。

日プロにしても猪木には未練があったんですよ。豊登にそそのかされたのは23歳だからしょうがない。どうせ東プロは潰れるだろうから、そうしたら戻せばいいと思っていたはずです。北沢は日プロのレスラーでしたが、ちゃんと筋を通して東プロに行っていたので復帰が許された。あの当時、豊登だけでなく、日プロが嫌いな新聞記者連中が「日プロにいても芽はないぞ」と猪木を焚き付けていたんです。猪木にしても「馬場さんには負けないぞ」という気持ちは持っていたでしょうから、その気になったということでしょう。

猪木VSバレンタイン戦の衝撃——旗揚げ戦で実現した幻の名勝負

二宮　たった半年で消えてしまった東京プロレス随一の名勝負と言われているのが、旗揚げ戦の猪木とジョニー・バレンタインの一戦です。ただテレビ放送はなく、映像が残っていないから、実際のファイト内容がよくわからない。

小佐野　本当は大阪の毎日放送での中継が内定していたようなんですが、おそらく日プロの横やりで潰されたんでしょう。実際に見た人たちの話を総合すると、バレンタイン戦のどこが凄かったかといえば、二人の殴り合いということになります。バチバチとひたすら殴り合うのが凄かったようですね。

二宮　そのバレンタイン戦を猪木の一番の名勝負に挙げる人は少なくありません。菊池孝さんも、その一人です。

小佐野　当時、門馬忠雄（プロレス評論家）さんなんかは、アメリカから日本に戻ってきたヒロ・マツダを猪木と比べて「コンニャクみたいなプロレス」という言い方をしているんですよ。要するに、ヒロ・マツダはアメリカの大げさなだけのプロレスだけど、キレのあるパンチをバシバシ放っていく猪木は凄かったという意味なんです。

二宮　確かに猪木のパンチは迫力がありました。その後、ナックルパートという言い方に変えましたが……。

小佐野　あと、猪木のこの頃の必殺技と言えば、アントニオ・ドライバーとコブラツイストですが、アメリカでも使っていたのか本人に聞いたら、「いやいや、向こうではやってないよ。日本用だよ」って言うんですよ。テキサス時代の猪木はベビーフェースですけど、最後に行ったテネシーではヒールのはずですから、そういう技はいらなくて、もっぱら空手チョップやジャンピングチョップをやっていたと言っていました。

二宮　アメリカでは決め技はいらなかったということですか。バレンタインはどういうルートで連れてきたんですか?

小佐野　猪木がアメリカで最初に入ったカンサスはNWAのお膝元なんですよ。それで東プロに選手を呼ぶために渡米した時に真っ先に会長のサム・マソニックと会い、その伝手でセントルイスでバレンタインの試合を見たそうです。その時見たバレンタインのプロレスがあまりにもアメリカンだったので、馬場のアメリカンスタイルとは違うプロレスを見せたいと思っていた猪木は不安だったようですが、まあ向こうのトップだからと呼んでみた。そうしたら、ああなってしまったと。

二宮　でも、あの名勝負が猪木の転換点になりましたね。あの試合、私は後に『ゴング』に載った写真で見たんですが、リングがちょっと変形していませんでした?

小佐野　そうなんですよ。国技館の土俵の上に組んだので、どうしてもひしゃげたような形になってしまって、ロープワークも使えなかったみたいです。

二宮　その悪条件が逆にいい方向に作用したというか、ロープワークが使えないんだったら、あとはもう殴る蹴るしかなかったと。写真で見ると、猪木もバレンタインもかなりの出血でした。

小佐野　バレンタイン戦は66年で『ゴング』の創刊は68年ですから、試合当時は創刊前ですけど、なぜかあの試合の写真があったんです(笑)。後に『ゴング』を立ち上げる竹内宏介さんがまだベースボール・マガジン社で『プロレス&ボクシング』の編集長をやっていて、その時代に自分で撮った写真を持ってきちゃったようなんです。

実は、竹内さんは当時の『プロレス&ボクシング』の本作りに不満があって東プロに入社することになっていたんです。菊池孝さんの紹介で東プロの事務所で豊登と会って、「じゃあ来なよ」という話になっていた。それで会社に辞表を出したら「だったら君が作りたい本を作っていいから、君が編集長をやりなさい」となって、菊池さんに断りを入れたらしいです。

二宮　じゃあ僕らが見たのは竹内さんが撮って前の会社から持ってきた写真だったんだ。権利関係は大丈夫だったんですかね（笑）。

小佐野　『ゴング』を始めて何年後かに、ベースボール・マガジン社からクレームが来たらしいです（笑）。

二宮　昭和らしいエピソードだな（笑）。ところで、猪木対バレンタイン戦の集客はどれぐらいだったんですか？

小佐野　旗揚げ戦はそこそこ入った（9000人と言われている）みたいです。ただ、リングアナがグダグダで、第3試合から営業部長だった新間寿さんが急遽リングアナをやらされたそうです（笑）。その後の地方興行は客が入らず、一度興行が決まっても日プロの圧力でキャンセルされたことも多かったようです。東プロをやったらもう日プロはやらせないと言われると、地方の名のあるプロモーターはみんな及び腰になります。

東京プロレス旗揚げ戦を控え、レセプションに臨んだ猪木とジョニー・バレンタイン（1966年10月10日）

そうなると買ってくれるのは素人の興行会社で、そういう会社とはカネの問題で揉めてしまう。プロモーターに「前金を渡さないんだったら興行はやらない」と猪木が言うと、「いやいや豊登さんに払いましたよ」と。そうしたトラブルから元都電板橋駅前駐車場での大会が当日になって中止になり、集まったファンの暴動事件も起こりました。

二宮　カネの話になると、やはり豊登が絡んできますね（笑）。結局東プロはカネの件で揉めて、猪木と豊登の訴訟合戦に発展したんですよね。

小佐野　年が明け、67年になってからですね。猪木は事務所を移転して「東京プロレスリング興行株式会社」とは別に「東京プロレス興行株式会社」を作ったんです。新間さんが猪木の新しい事務所に行ったら「お前とは一緒にやらないから」と言われた。「いや、僕も一緒にやらせてください」「ごめん。君は豊登のほうだから」みたいなやり取りがあったそうです。新間さんは豊登派で、新間さんと仲良しだった竹内さんも豊登に付いていたんです。

鮮やかだった猪木の日本プロレス復帰

小佐野　66年の10月12日に蔵前国技館で旗揚げ戦をして、その年のうちに終わってしまったので、東プロは実質2シリーズしかもたなかったことになります。とにかく最初からお金がなかったらしく「旗揚げできるかどうかもわからないような状態だった」と猪木は言っていました。ＮＷＡ会長のサム・マソニックやアメリカ時代の猪木を買ってくれていたパット・オコーナーやサニー・マイヤースに会いアメリカに行く、そのお金からして工面しなければいけなかったらしいです。

二宮　豊登が新聞さんに見せたという札束は、見せ金だったということですね。最初から資金がない状態で旗揚げしたもののテレビも付かず、興行も邪魔されて、半年で潰れたと。

小佐野　そうですね。東京プロレスが事実上崩壊したのが67年1月で、猪木はその年の4月には日本プロレスに戻ります。そして、日プロ内に猪木を推すグループが出てきて、そこから本格的な馬場・猪木の対立の時代に入っていきます。

二宮　そこから71年暮れの猪木の「日本プロレス乗っ取り事件」へと発展していくわけですね。あの事件は「猪木追放事件」とも言われ、馬場中心の日本プロレスに不満を持った猪木がクーデターを画策し、それに失敗した猪木が除名、追放処分となったというのが通説ですが、実際のところはどうもよくわからない。

小佐野　復帰した猪木が裏切者として、日プロで冷遇されたわけではなかったですからね。それどころか、猪木が日プロに戻ってからの日プロのプッシュは凄いものがありました。まず『ワールドリーグ戦』の前夜祭の後楽園ホールで、馬場が外国人レスラーにボコボコにされているところに、スーツ姿の猪木が颯爽と救出に入ってくるという形で猪木が日プロに戻ってきたんです。

二宮　その場面は今でも憶えています。「ああ猪木、戻ったんだ」と。もの凄くカッコいい戻り方ですよね。エースの助っ人として駆けつけたわけですから。

小佐野　おそらく普通にテレビを見ていた多くの人は、ここで初めて猪木を知ったと思います。だって何年もアメリカに行ってそのまま日プロに戻らずに東プロに行って、その東プロはテレビに映らなかったわけですから、世間に「アントニオ猪木」の名が知られたのは、この時だったはずです。それも颯爽と登場して馬場を助けたんですからね。

二宮　本当にあの時の猪木はカッコ良かった。ただし、助けられた馬場は面白くないでしょう。馬場を助けに入るというのは誰の演出だったんですかね。

小佐野　わからないです。ただ、馬場としてみれば「なんで俺がそんなことをしなきゃいかんの？」ということだったでしょう。馬場から見れば猪木は裏切り者だし「力道山先生がいなくなってから、俺が日プロを支えてきたんだろ」という自負もあったはずです。たぶん馬場の中には「一度裏切って出て行った猪木を許した俺」「心の広い俺」というような感覚があったんですよ。

二宮　それはそうでしょうね。会社の未来を考えたら、ここは堪(こら)えようというのもあったでしょうね。いずれにしても、そこから二人を取り巻くメディアや取り巻きも含め、馬場派、猪木派みたいな形が自然に作られていった。しかし、実際の馬場と猪木は、本当に仲が悪かったのか。どうも違っているような気がするんです。

小佐野　そうだと思います。でも、馬場を利用したいグループと猪木を利用したいグループがいて、本人たちが翻弄されていたというのが事実だと思うんですよ。最近、東スポで猪木の写真集を作ったんですが、オフ・ザ・リングの馬場と猪木の写真って結構あるんですよ。もちろん作った絵も多いんでしょうけど、写真を見ていると笑顔も自然だし、とても仲が悪いようには見えなかった。一緒に飯を食ったり、風呂に入ったり、仲は良さそうでしたよ。

複雑な馬場の胸中

小佐野　日プロの関係者には「馬場が力を持ち過ぎて押さえきれなくなったら怖いな」というのはあったかもしれませんね。

二宮　それで猪木をプッシュして、馬場の力を少し抑えようと。プロレス界では、団体の社長は基本的にレスラーがやりますから、馬場の力が伸びてくることを警戒した幹部や古参レスラーもいたんじゃないか……。

小佐野　そう思います。それと「いつアメリカへ行っても俺はトップを張れるんだよ」という態度が当時の馬場には出ていたんじゃないかという気がします。「アメリカで十分稼げるのに、力道山先生が亡くなったから日本に帰ってきたんだよ」という気持ちが馬場の中にはあったと思います。

二宮　なるほど。馬場には、力道山亡き後の日プロの屋台骨を支えなければいけないという責任感があった。しかし、それは馬場が本当に欲していたものではなかったのかもしれませんね。もともと馬場という人は「俺が俺が」の人ではない。基本的に穏やかだし、どちらかと言えば、あまり目立ちたくないタイプの人ですよね。

小佐野　35歳ぐらいで日本のプロレスは引退して、ハワイに住んでみたいというプランを思い描いていたようですからね。気が向いたらちょっとアメリカやハワイで試合をしてとか、そんなことを考えていたようです。

二宮　そんなに上昇志向のある人ではないですよね。タイプ的には穏健的保守派。その後、猪木が改革色を強めたため、必然的に保守色を強めざるを得なくなっていった。ガ

インター・タッグの王者として君臨したBI砲。猪木追放事件の数カ月前。後ろは藤波辰爾（1971年8月27日）

チガチの保守強硬派ではなかったような気がします。

小佐野　変な話、この時点でトップを取っちゃったから、本人の中ではこれを維持していければいい、ぐらいの気持ちだったと思いますね。

二宮　ただ、猪木が颯爽と戻ってきたことによって、馬場の中に新しいモチベーションが生まれた可能性はあると思います。まだ格が違うとは言っても、猪木が助けに入ってきたあの場面は、まさにニューヒーロー見参の儀式でしたから。

小佐野　67年5月5日、鳥取で吉村とのタッグで猪木は日プロ復帰を果たすんですが、5月26日の札幌でその吉村とアジア・タッグ・チャンピオンになるんです。そして10月31日には、馬場との「BI砲」でインターナショナル・タッグを獲ります。復帰し、世間がアントニオ猪木を知って半年も経たないうちに、馬場と並び立つ2番手の位置まで来ているわけですよ。

二宮　そう考えると、やはり猪木の実力は並外れていたし、ここから本当のBI砲の時代が始まるわけですね。まだ馬場が頭一つリードしていたとはいえ……。

小佐野　そして猪木は69年、馬場の4連覇を阻止してついに『ワールドリーグ戦』に優勝してしまう。もう馬場時代じゃなくて、馬場・猪木のBI時代だというふうになったんですよ。この猪木の売り出しに関しては、もちろん日プロも推していたわけですね。

二宮　当然そうでしょう。これは〝たられば〟の話ですが、東プロでのバレンタイン戦を見たからこそ、日プロとしては、猪木を戻したいと思ったかもしれません。

小佐野　それはあるかもしれないですね。バレンタイン戦で猪木の商品価値が日プロ内部で上がった可能性はあります。

二宮　東プロはテレビ放送がないけど、こっちはテレビを使ってガンガン売り出せば……というのもあるでしょう。

隅田川決戦――日本プロレスVS国際プロレス

小佐野　猪木の復帰に関しては、日プロの営業部長だった吉原功さんが仲良しだったヒロ・マツダと立ち上げたばかりの国際プロレスに持っていかれるのも嫌だった、というのもあったでしょう。実際、東プロがダメになった67年1月に、猪木は国際の旗揚げとなった1月シリーズに出ているわけですよ。東プロと国際の合同興行という名目ですが、国際からお金をもらって自分も出たし、東プロの選手も出している。ただ結局、お金で揉めてそのシリーズは終わっちゃった。猪木に聞いた話では、旅館で国際の吉原社長とヒロ・マツダが館内の部屋の電話で喋っていたのが、混線か何かで自分の部屋に聞こえちゃったらしい。その内容を聞いて、国際とはできないと思ったという言い方をしていましたね。

二宮　昭和にはよくあった話ですね。後の国際プロレスは新日本、全日本と並ぶ第三極にはなり得なかったけど、プロレス史の節目節目に顔を出してきますね。その国際が絡んだ話となると、日プロとの「隅田川決戦」が有名です。

小佐野　猪木の復帰翌年の68年1月3日ですね。要は67年の段階で国際が行き詰ってしまい、ＴＢＳが付いたんです。68年1月の1シリーズだけ「ＴＢＳプロレス」に名称が変わりました。この時、ヒロ・マツダは吉原さんと揉めてすでに離脱していました。

二宮　日プロが当時の蔵前国技館、国際が両国日大講堂と、墨田川を挟んで同時に興行を打ったわけです。

小佐野　隅田川決戦には日プロがジャイアント馬場VSクラッシャー・リソワスキー、これに国際はグレート草津VSルー・テーズで対抗したんです。結果的にこの興行戦争は日プロの勝ちでしたね。

二宮　ＴＢＳが付いたことで国際も、墨田川決戦と言われるだけの力が付いたということを示したかったんでしょう。

小佐野　ＴＢＳの力は大きかったと思います。ＴＢＳが付いたことで、当時の日プロもこれはナメてかかれんぞ、となったと思うんです。74年にストロング小林が辞めてＴＢＳが中継をやめ、放映権料が入ってこなくなったことで国際はダメになりましたね。当時、国際に在籍していた人たちもＴＢＳ時代が一番良かったと、今でも言います。

NETの放送開始と対立の始まり

小佐野　話を戻しますが、69年に猪木が初優勝した『ワールドリーグ戦』にはアメリカ修行から凱旋帰国した坂口征二も参加しているんです。坂口は柔道日本一になって世界選手権でアントン・ヘーシンクともやっている。確かホームタウンデシジョンで判定負けしたんじゃないですかね。ヘーシンクはその後引退して、68年のメキシコオリンピックで柔道が実施種目から外されたので目標をなくし、プロレス入りとなったようです。

二宮　そもそも日プロは東京プロレスの猪木への対抗馬として67年の年明け、坂口征二を入団させたんですよね。ただ、猪木の東京プロレスは坂口の日本プロレス入団と同時にポシャッてしまった。そして、猪木は坂口がアメリカに行っている間に馬場と並び立つ存在になり、坂口は帰国して69年に揃い踏みとなった。だから、坂口は「第三の男」という扱いでした。

小佐野　猪木もカッコ良かったけど、色黒で背も高く、プロレスラーのアイドル第1号は坂口だと思います。日本でデビューしないままアメリカに行き、1年8カ月の修行を終えて帰ってきたんですけど、女の子たちにキャーキャー言われていました。『ゴング』のカラーピンナップにもなりましたけど、カッコ良かったです。

二宮　あの体型で顔もいいし、息子が俳優（坂口憲二）として活躍しているのも頷けます。

小佐野　そんな中で猪木が『ワールドリーグ戦』で優勝して、その年の7月から猪木をエースにＮＥＴ（後のテレビ朝日）で『ワールドプロレスリング』の放送が始まるんですよ。ここからが本格的な馬場と猪木の対立の時代と言っていいと思います。

2局体制に反対だった猪木

二宮　猪木が初優勝した69年5月の『第11回ワールドリーグ戦』の決勝戦の相手は、クリス・マルコフでした。血染めの勝利。

小佐野　そうです。最後は卍固めで決めました。『ワールドリーグ戦』の優勝は、すでにＮＥＴでの放送開始が7月からと決まっていたので、それに向けて猪木を箔付けしようという意図があったんでしょうね。猪木の優勝は馬場も相当悔しかったと思いますよ。

二宮　それはそうでしょうね。相手のクリス・マルコフも、あの時の外国人選手では1番手というわけではなかったですから。

小佐野　3番手ぐらいですね。ゴリラ・モンスーンがいてボボ・ブラジルもいましたから、決勝はこの二人のどちらかだろうとみんな思っていました。マルコフは初来日で、誰も知らなかったです。

二宮　穿った見方をすれば、猪木がモンスーンやブラジルに勝って優勝すると、彼らは馬場の好敵手だし、それを倒したとなるとパワーバランスが微妙に崩れる。そこで選ばれたのがマルコフだったと……。

小佐野　たぶんそうだと思います。決勝まで行けばマルコフも新しいスターとして使えるようになりますしね。決勝で猪木に負けて、ブラジルやモンスーンの商品価値を落としたくない、ということはあったでしょう。ただ猪木は、7月からのNETの放送開始には反対したと言うんですよ。「絶対に派閥ができるし、俺はやらないほうがいいよって言ったんだ」と言っていましたね。

二宮　それは意外ですね。だってNETの放映権料が乗っかれば猪木のファイトマネーも上がっていくわけでしょう。

小佐野　ただ放映権料が入るのは日プロだし、その当時のシステムだと日プロは1マッチいくらの支払いだったので、猪木には関係なかったんじゃないですかね。

二宮　なるほど。だけど、日プロからすれば放映権料が2局から入るんだからウハウハですよね。

小佐野　それはそうです。NETの窓口になったのは、現役を引退してから渉外担当をやっていた遠藤幸吉だったんですよ。それで遠藤は露骨に猪木のプッシュに走るわけですね。

二宮　前の本でも述べましたけど、NETは「日本教育テレビ」として認可された放送局で、最初は民放初の教育番組専門局でした。だから、多くの番組は教育・教養番組でなければいけないという縛りがあった。ただしスポーツは教育扱いだった。だったらプロレスもスポーツだから教育だろうという理屈で放送したんです。かなり強引な理屈ですけど……。

小佐野　日テレとの放送協定でNETは、馬場の試合だけでなく当初は坂口の試合も放送できないことになっていたんです。猪木はいいけど馬場と坂口はダメ、『ワールドリーグ戦』もダメと厳しい条件だったけど、いつの間にか坂口の試合は普通に放送するようになって、『ワールドリーグ戦』もOKになった。これは『ワールドリーグ戦』の決勝は日テレがやるから他の試合は放送してもいいよということで、猪木が優勝したとしてもNETでは流せないという仕組みだったんですね。

止まらない猪木の勢い

二宮　話は変わりますが、この時の『ワールドリーグ戦』では山本小鉄がゴリラ・モンスーンに勝っていますよね。この大番狂わせには驚きました。脇役も売り出したいという狙いがあったんでしょうか。

小佐野　結局、NETで使える人で名前があるのは猪木と大木と吉村ぐらいで、あとは、まだ若かった山本小鉄と星野勘太郎のヤマハ・ブラザーズだったんです。だから、若手も少し上げてほしいという要望はあったでしょうね。日テレには猪木も出るし、馬場、坂口、吉村とメンツが揃っていて、出られない若手連中はNETに回されたんです。

二宮　とはいえテレビはテレビですから、若手にとってはチャンスですよね。当時NE

Tのネット局になっていた地方局は少なく、私が住んでいた愛媛県にもなかった。クロスネットで他の系列局が1週間か2週間遅れで放送していました。

小佐野 僕はまだ子供で記憶はないんですが、NETは若手だけの試合を流すヤングプロレスみたいな番組をやって、星野や山本の試合を流していたんですよ。ただ、その番組の資料が出てこない。おそらく30分ぐらいの短い番組で、放送もすぐに終わってしまったんでしょうね。

二宮 当時、後発のNETはキー局としては格下で、日テレからすれば新興勢力の扱いだったようです。80年のモスクワオリンピックの放映権を1社で買い取ったあたりから名前が出てくるんですが、ソ連のアフガニスタン侵攻で日本はボイコットして、えらいことになってしまった。だから、日テレとしてはNETがプロレスに入ってきてもライバルとしての認識はまだ薄かったかもしれませんね。

小佐野 今に続くNETの『ワールドプロレスリング』の放送が始まったのが69年7月2日。水曜の夜9時からの1時間枠で始まったんですが、当時は日テレとは視聴率に差があったようです。当時は日テレの金曜の夜8時という枠は強かったんでしょうね。日テレのプロレス中継のプロデューサーだった原章さんの話では「TBSは頑張っていて、我々としてもうかうかしていられない気にさせられました」と言っていましたから。場合によっては国際プロレス（水曜の夜7時からの1時間枠で放送）のほうがNETより良かったんじゃないですか。

二宮　でも今考えたら、ニュースターの猪木と新興テレビ局のNETですから、組み合わせとしてはいいんですよね。

小佐野　それはありますね。それに猪木がNETとくっついて一番大きかったのは、71年3月26日にロサンゼルスに乗り込んでUNヘビー級のチャンピオンになったことでした。その立会人としてセントルイスからNWA会長のサム・マソニックを呼んで、マソニックから猪木にベルトが贈呈されているのも凄い。日プロの遠藤さんはNWAの有力メンバーだったから、マソニックに働きかけて箔付けしたんです。さらに、その試合をリングサイドで松竹の看板女優だった倍賞美津子さんが応援していて、帰国した羽田空港で猪木は婚約発表をするんです。

二宮　芸能マスコミまで追っかけてきました。

小佐野　こうなると猪木の知名度は馬場と並び立つどころか、上を行く勢いですよ。ワイドショーにUNのベルトを持って倍賞美津子さんと出るんだから、ベルトを獲った価値も倍増しますよね。

二宮　マソニックが来たぐらいですから、UNはNWA傘下のベルトということになっているんですか？

小佐野　そうですね。一応作られたストーリーとして、70年にアメリカ、カナダ、メキシコで通用する準国際タイトルとして生まれたことになっています。デール・ルイスというメルボルンオリンピックに出たアマレス出身のレスラーが初代チャンピオンで、その後レイ・メンドーサやジョン・トロスに渡って、猪木は6代目とされています。このUNのベルトを巻いたことで、猪木の株がガガッと上がったんですよ。

猪木、馬場への挑戦表明

小佐野　さらにその直後の『第13回ワールドリーグ戦』で事件が起きます。馬場、猪木、ザ・デストロイヤー、アブドーラ・ザ・ブッチャーの四人が同点で並んで、猪木とデストロイヤーは両者リングアウト、結局、馬場がブッチャーに勝って優勝するんですが、猪木はデストロイヤーとの試合の最中に馬場への挑戦をぶち上げたんです。控室ではユセフ・トルコが猪木を焚き付けたりもしていました。

二宮　いよいよ馬場と猪木の対立が表に出てきたわけですね。猪木はUNのベルトをとって馬場と並ぶ日プロのエースになり、倍賞美津子との結婚も1億円挙式と騒がれました。

小佐野　挙式が71年11月2日ですが、その直前に『第2回NWAタッグ・リーグ戦』があって坂口とのゴールデンコンビで優勝し、試合後にはリングに倍賞美津子が上がっている。まさに飛ぶ鳥を落とす勢いで、猪木には凄い流れが来ていたんです。

二宮　当時まだプロレスラーは、いくら人気があってもどこか日陰の身のような時代で、トップ女優の倍賞美津子と結婚するのは陽の当たるところに出る感じがあった。しかも1億円をかけた挙式で、1m90㎝くらいの猪木より背丈の高いウエディングケーキ（5mと言われている）が表紙を飾ります。68年に「3億円事件」があり、それで多くの人が「億」という単位を意識し始めた。71年の1億円は価値が違います。それが猪木はもちろんのこと、プロレスのステイタス向上にも繋がったわけですが、馬場としては内心複雑なものがあったでしょうね。

小佐野　猪木の結婚式には姉で女優の倍賞千恵子さんはもちろん、有名俳優や各界の著名人が出席して盛大に執り行われました。片や馬場はすでに元子さんと暮らしてはいたけれど、日陰の身でした。というのは、元子さんの実家が結婚を許さなかったので婚姻届が出せず、公表できなかった事情がありました。元子さんは明石の良家のお嬢さんですからね。お父さんはジャイアンツの後援者で、明石キャンプの時、巨人の選手たちは元子さんの実家に遊びに行っていたんです。だから馬場が元子さんと知り合ったのは巨人時代です。

二宮　今だったら事実婚とかパートナーとか何とでも言えますけど、昔は正妻以外は日陰の身でしたからね。

小佐野　当時は芸能界でもスポーツ界でもスキャンダルは御法度、特に女性問題は絶対にダメでしたからね。馬場はいくら有名になっても元子さんの両親が許してくれず、苦しい時期だったと思います。そう考えると、あそこで猪木が追放されず、あのまま1、2年経っていたら、日プロの中で馬場を抜いていたかもしれないですね。あるいは、馬場がそういう流れを察して日本を去り、予定通りにハワイに行って時々参戦するとか、そんなふうになっていたかもしれない。すでにハワイにコンドミニアムを持っていましたからね。

第三章

「猪木追放事件」はなぜ起きた？

――謎の乗っ取り説と元警察官

衝撃の「猪木追放事件」——当時の説明には謎がある

二宮　今考えれば、猪木追放事件が馬場と猪木のその後の人生の分岐点、プロレス界にとっても運命の分かれ道ということになりました。「歴史にイフはない」と言いますが、それを考えたくなるほど大きな事件でした。

小佐野　まさにそうです。「猪木追放」という衝撃のニュースが飛び込んできたのは、1971年12月13日でした。猪木には凄い流れが来ていたのに、挙式の1カ月後には追放ですからね。でも、あの事件がなければ、その後の馬場と猪木の対立の面白い時代はなかったわけですから……。

二宮　リング上では馬場への挑戦表明もあったけど、まだそれほどギスギスはしていなかった。事件の1カ月前の1億円結婚式で馬場と猪木が笑顔で握手する写真も残っています。しかし、その直後から亀裂が深くなってしまいました。

あれは、馬場と猪木が手を組んで、日本プロレスの改革に乗り出そうとしたことが発端だったと言われています。レスラーが稼いだカネが経営陣によって不透明に使われていることを問題視した猪木が上田馬之助に相談し、上田が馬場に話すと、馬場も改革に同意したと。少なくともここまでは事実で、その後、誰が裏切ったとかいう話になると当事者たちの言い分が食い違って、本当のところはよくわかりません。

小佐野　テレビが2局体制になった日プロはすごく儲かっていて、日プロの幹部たちはその上がりを浪費していたのは事実でしょう。だから猪木は馬場に改革を訴え馬場も同調したんでしょう。この改革がうまくいっていたら、二人でしっかり手を組んで会社を運営していたと思います。馬場としては手を組んでいる以上、猪木は裏切らないだろうと思っていただろうし、そういう危険は感じていなかったと思うんですが……。

二宮　しかし馬場は、猪木が芳の里、遠藤、吉村の3幹部を追い出し、自分が社長になる計画を上田から聞かされ、それでは完全なクーデターで話が違うと降りてしまった。ここから猪木は劣勢に立たされ、結局、猪木は追放されてしまったと言われています。

この一連の動きの中でキーパーソンと言われているのが上田馬之助ですけど、上田は猪木が裏切ったんだというようなことを言っていますね。猪木に会社を乗っ取る、つまり自分が社長になるという意思は本当にあったんでしょうか。

小佐野　当時の説明だと、12月のシリーズが終わった後は幹部たちがゴルフコンペに行ってしまうと。その隙に会社の定款を書き換えて社長になる計画だったという話でした。ただ、僕が不思議なのは、そんなことで会社が乗っ取れますか？　ということなんです。

二宮　いくら50年以上前の話でもそれは無理でしょう。白木屋を乗っ取った横井英樹でも絡んでいれば話は別ですが……。

小佐野　僕もあり得ないと思うんですが、当時はそういう説明だった。だから、あの追放劇に関しては本当によくわからないんですよ。

闇ドル絡みだった日プロ経理事情

二宮　それについて猪木に聞いたことはありますか？

小佐野　猪木は乗っ取りとは言わなかったけど、会社をガタガタにさせたからということで芳の里には謝ったと言っていましたね。ただ、この乗っ取りと言われる社内改革に関して、実際に動いていたのは猪木の側近だった木村昭政さんという人だったことは知られています。この人のことを猪木は良く言っていなかったですね。当時は猪木もこの人のことをよくわかっていなかったのかもしれません。

二宮　木村さんはどういう人物なんですか？

小佐野　木村さんはアントニオエンタープライズという猪木の個人会社の代表であり、後援会の会長だった人です。税理士の資格を持っているということだったんですが、いろんな人に聞いてみると、それも本当かどうかわからない。藤波辰爾や猪木の弟の啓介さんに聞くと木村さんのことを「元お巡りさん」だと言うし、猪木は「あれは俺のファンだ」と言うし。

木村さんはこの事件の後も猪木と行動を共にするんですが、半年ぐらいでケンカ別れしているんですよ。「とにかく利用しようとする人間が、いろいろ現れるから大変だ」みたいな言い方を猪木はしていましたね。

二宮　当時のプロレスは現金商売だから、興行を打ったら即金でカネが入ります。だから幹部連中が持ち出すのも簡単だし、スター選手にすり寄ってくる人たちも多かったでしょうね。

小佐野　お金の話で言うと、当時の経理をやっていた三澤正和さんという方が後々証言していたのは、当時は一定のお金を闇ドルに換金してたらしいんです。というのは、外国人レスラーにはギャラをドルのキャッシュで支払わなければいけなかった。ただ、換金できる金額に制限があったので、予め裏で作っておかないといけなかったんです。もちろん幹部たちの不正な持ち出しもあったでしょうが、そういうこともしていたのは事実で、猪木や上田は帳簿の数字だけ見て勘違いしていた可能性はあります。

二宮　それは興味深い話ですね。日本は71年のニクソンショックまで1ドル360円の固定相場で、73年から変動相場制に移行します。それを考えると猪木追放事件は、非常に微妙な時期に起きた。

小佐野　当時はドル買いの最大枠が週500ドルで、1カ月4週間だとすると月で2000ドルが限度だった。ところが、外国人選手のギャラには月5万ドルは必要だったらしいんです。世界チャンピオンクラスの選手だと何千ドルも必要ですから、それなりのお金を用意しておかないといけなかった。三澤さんは猪木や上田に「何でこんなに金が出ていっているんだ」と突かれても答えられなかったわけですよ。

二宮　当時、外国からタレントを呼ぶ興行では、よくこの手の問題が起きていたようですね。

連判状と猪木糾弾

小佐野　もう少し猪木追放事件を深掘りしてみましょう。シリーズのオフ日の11月28日、大木と付き人の戸口正徳、つまりはキム・ドクの二人を除く日プロ所属の18選手が会社改革を要望する連判状に署名しているんです。この時、さっき話に出た猪木の側近の木村さんが、芳の里に連判状を開示して、経理の明瞭化と会社の健全経営を要求します。そして、経理を担当していた遠藤と吉村の退陣を求めたんです。これを受けた芳の里は「善処する」と約束して、木村さんに経理の監査を委託し、代表代行の委任状と実印を渡しちゃったということがあったんです。

二宮　事件の前段でそれがあったと。ここまでは大木と戸口の二人以外の選手は会社の改革に前向きだったということですね。それにしても委任状と実印とは、随分と信用したもんですね。税理士だからということでしょうが、資格を使ってプロレスラーの世間知らずなところに付け込んでいる印象ですね。

小佐野　ここから先は二つの説があるんです。まず、その日の夜に吊し上げを食らった幹部たちが、上田を呼びつけて話を聞いた。「本当のところはどうなっているんだ?」と聞くと、「いや、猪木が会社を乗っ取ろうとしている」みたいな話になって馬場が呼び出され、馬場も真相を知って愕然としたという説が一つ。

もう一つは、馬場が12月1日の名古屋大会の日に上田に「本当のところはどういうことになっているんだ?」と聞いたら、上田が「実は猪木さんが会社を乗っ取ろうとしている」と答えた。馬場は慌てて急遽東京に戻ってきて、芳の里に「とにかくその委任状を取り返して下さい」と言い、木村さんにも「委任状を出しなさい」と迫って再び名古屋に戻ったという説。どちらが本当かはわかりません。

二宮　いずれにしても猪木は悪者扱いで、孤立させられている感じがします。

小佐野　確かに、当時のマッチメイクを見ると、12月2日の浜松大会以降、全部外国人とのシングルマッチに変わっているんです。それに猪木は会社を改革して相撲出身者を全部切ると言っている、という話が出ていたとも言われています。それで相撲出身のグレート小鹿や安達勝治が「冗談じゃねえ!」と騒いで、みんなを焚き付けたと。でも、それも本当の話かな、と疑問に思いますね。連判状の件にしても、会社を良くするためのものだと先輩たちに言われ、若手たちはよくわからないまま判を押したらしいんですよ。先輩に口答えはできませんからね。

実は連判状の段階では、遠藤幸吉が一番のやり玉に上がっていたんです。合宿所がすぐ水漏れするということがあると、「遠藤さんが工事発注したから絶対に安くして、間を抜いている」という話になったり（笑）。猪木がＵＮ王座を獲るにも遠藤のプッシュがあったわけですけど、その遠藤を追い落とす方向に動いていたということですよね。

二宮　それぞれの立場や思い込みもあるでしょうから、証言に食い違いがあるのはしょうがないとして、いずれにしても最終的には猪木に矛先が向く流れになっていったわけですね。当時、選手会はあったんですか？

小佐野　ありました。馬場が選手会長だったんですけど、この一件で一度は猪木と行動を共にしたという理由で辞任しているんです。それを引き継いで選手会長になったのが大木で、大木はいきなり選手会を緊急招集して、猪木を選手会から追放したんです。

二宮　ここへ来て大木も加わってきたと。各人の立場や思惑、人間関係が一気に噴出して、グジャグジャになっていく感じがします。

小佐野　読者の皆さんもこんがらがってしまうと思うので、ここからの流れを時系列で整理してみましょう。

12月4日、仙台で猪木はディック・マードックとUN王座の防衛戦をやり、翌5日に東京に戻ってきます。そこで開かれた選手会で「お前、会社を乗っ取ろうとしているんじゃないか」と猪木が糾弾されます。その時、馬場が選手会長を辞任して大木が後釜に座ります。

二宮　選手会といっても労組ではなく任意団体でしょう。大木が会長になったとしても、どこまで力があるのか疑わしい。相撲で言うところの力士会なら、単なる親睦団体ですよ。

小佐野　事前に、もし猪木が暴れたらどうしようかという話にもなったようで、その時「いや、自分が止めますよ」と言ったのが、ミツ・ヒライだったという話ですね。

そして、これは当時の馬場の付き人の佐藤昭雄の証言なんですが、「自分はまだ若手だったから事情はよくわからなかったけど、その時は選手みんなが集まって、何だかわからないけど濡れたタオルやバットを持っている人もいたような」と、とても異様な雰囲気だったようです。その場で猪木は、上田に対し「お前、男と男の約束を破りやがって！」と吐き捨てて、席を立ったみたいです。

不穏な空気だった「追放前夜」

二宮　今、その場にいた当事者で健在な人は何人いますか？　だいぶ少なくなりましたよね。

小佐野　今言った佐藤、坂口、小鹿あたりですかね。藤波もいますけどまだ全然若造だったので、何が起こっているのか、さっぱりわからなかったようです。

二宮　人間の記憶というのは思い違いや思い込みもあるし、もともと立場によって捉え方が違う面もある。そうなると、長く生きた者勝ちみたいなところが出てきますよね。ある種の〝歴史修正主義〟です。

小佐野　そうなんです。だから諸説ある部分がどうしても確定できないところがありますね。ただ、猪木糾弾の選手会が12月5日に開かれ、翌6日、今度はこの日の試合会場だった水戸に向かう前にもう一度選手会を開いて、猪木を追放処分にしたのは事実です。だから会社よりも選手会のほうが先に猪木を追放したんです。

それから大木が社長の芳の里に「選手会は猪木追放の決議をしたので、猪木が試合に出るなら、我々は試合に出ません」と告げた。芳の里は「シリーズ中だし、ちょっと待て。シリーズが終わったらちゃんと処分を考えるから、とりあえず試合には出てくれ」と大木をなだめたので、一応みんな試合には出た。そして、その翌日の12月7日、今度は札幌でBI砲VSザ・ファンクスのインターナショナルタッグ王座のタイトルマッチがあったんですよ。

二宮　それが猪木の日プロでの最後の試合になったわけですね。

小佐野　そうです。この日の猪木の様子を付き人だった藤波に聞いたんですが、猪木は試合が始まっても宿泊先のロイヤルパークホテルにいて、試合会場には来なかったと。それから自分の試合の時間を見計らい、ホテルの部屋でガウンも着込んでタクシーで会場に来たそうです。藤波は会場の入口で待っていて、猪木が着いたらそのままリングまで連れて行き、試合が終わったらそのままホテルに戻したということです。

二宮　つまり、その日は会場の控室には行かなかった。それは何か身の危険を感じたということでしょうか。

小佐野　そうです。その時、日本に帰国していた猪木の弟の啓介さんはユセフ・トルコに「何かあったらお前もやれ」と言われて、ナイフを渡されたと言っていましたね。啓介さんが帰国したのは猪木の結婚式に出るのと拓殖大学に留学するためだったんですけど、結局は大学には行かず、新日本プロレスの旗揚げに駆り出されてしまうことになるんです。

二宮　トルコは完全な猪木派だったんですよね。それにしても、そんなに不穏な空気が流れていたとは……。

小佐野　藤波の話では、猪木がファンクスに試合中に何かするんじゃないかみたいな噂があったらしいんですよ。後に猪木に聞くと、どうもその時に騒いでいたのは小鹿や安達で、「猪木がファンクスにおかしなことをするようなことがあったら、袋叩きにしてやろう」と待ち構えていたらしいです。まあ、そんな雰囲気で、その時、「猪木の味方になるのは自分と小鉄さんだけだったから、ガッチリ固まっていた」と藤波は言っていました。

ただ藤波は当時はまだ若手だったし、猪木をホテルに送った後は、他の選手と同じ札幌の旅館に戻っていた。その時、吉村に呼ばれて「お前は関係ないから大丈夫だから」と言われてシリーズも最終戦まで出たし、誰からも危害を加えられることもなかったそうです。

裏社会と背中合わせだった時代

二宮　プロレス界のフィクサーの中には興行団体を使って闇ドルに換えていた人もいたという話がよく出てきます。

小佐野　力道山の時代から闇ドルをプールすることはやっていましたよね。ルー・テーズでもフレッド・ブラッシーでも支払いは、やっぱりドルですからね。

猪木は日プロを辞めた後、児玉誉士夫さんに挨拶に行っているんです。でも、昔は応接間に入れてくれたのに玄関で応対されたらしく、その時「勝てば官軍だよ」と児玉さんに言われたらしいです。

二宮　プロレスを通して、昭和史の闇が見えてきますね。先に小佐野さんも指摘したように、力道山の時代の日本プロレス協会では児玉さん、田岡一雄さん、町井久之さんが睨みをきかせていた。戦後間もなくの混乱期にはいわゆる〝第三国人〟が幅をきかせていた。日本の警察権力が及ばないところがあったので、彼らが自警団的な仕事を請け負って、力をつけていく。ある意味、警察権力と通じているところもあり、裏社会を牛耳る人たちが表舞台に出ていた時代です。ところが、64年から暴力団殲滅を目的とした警察の第一次頂上作戦が始まり、山口組などが広域暴力団として指定されます。世間の暴力団に対する視線が厳しくなるにつれ、警察も暴力団対策を強化していきます。地方興行などを通じて暴力団と深く関わっていたプロレス界も対応の変更を余儀なくされます。

その意味で、小佐野さんの話を聞いていて「あっ!?」と思ったのは、猪木追放事件のキーパーソンだった木村さんは元警察官だったという藤波証言があったところなんですよ。この御仁は、いったいどんな情報を握っていたのか……。

小佐野　元お巡りさんだと、藤波なんかは言っていましたね。

二宮　木村という人は猪木の後援者ということですが、闇の勢力を一掃しようという時代において元警察官が登場するというのが、何か引っかかりますね。

小佐野　初めは馬場もその木村さんを信用していたみたいなんですよ。だって経理の三澤さんが夜中に事務所に呼び出されたら、馬場、猪木、上田と一緒に木村さんもいて、経理のことを問いただされたことがあるらしいですからね。

二宮　実は相撲協会でも、かつて同じようなことがありました。北の湖理事長時代にKさんという警察出身の顧問がおり、色々なトラブル処理を任されていました。その後、お金を巡るいくつかの疑惑が発覚し、Ｋさんは顧問を解雇されました。結局、裁判にまで発展し、相撲協会はイメージダウンを余儀なくされました。プロレスのような民間会社なら、乗っ取られていたかもしれません。

謎のキーパーソンは元警察官？

二宮　いずれにしても木村さんという人に委任状や実印を渡してしまうなんて、あり得ない話です。にもかかわらずそうなってしまった背景には、木村さんという方のパーソナリティに加え、それを利用しようとした側の浅知恵も見え隠れします。

小佐野　木村さんは役員でもないのに役員会に参加していますからね。猪木の代理人的な立場での出席ですよね。木村さんのことを「お巡りさん」と言ったのは藤波と猪木の弟の啓介さんなんですけど、啓介さんは猪木の結婚式に出席するために10月の終わりぐらいにブラジルから帰ってきたばかりだし、藤波さんはまだ小僧だった。その二人が木村さんが「お巡りさん」だと言っていたということは、それなりの力の振るい方をしていたんでしょうね。当時のことを知る人にこの人のことを聞いて「税理士だった」と証言した人は1人もいなかったですね。

二宮　まさに謎のキーパーソンですが、ただ、申し訳ないけど猪木も脇が甘いですよね。猪木としても信用するに足る何かをその木村さんに感じ、裏の仕事をやってくれる便利な人として利用した部分もあったのではないか……。

小佐野　そうだと思います。日プロ時代にアントニオエンタープライズ主催で、大田区の方で猪木の興行をやってくれたと言っていました。だから、新日本プロレスを作った時もあの辺の町工場の社長たちがタニマチに付いたんですが、そういう人たちもその木村という人が引っ張ってきているんですよ。新日本の旗揚げも大田区体育館でしたからね。

二宮　元警察官は表裏両方の社会に通じていた可能性があります。日本人は「警察官」の肩書きを信用しますからね。

新日本プロレス設立は追放からわずか1カ月

二宮　猪木追放事件は私が小学4年生の時でしたから、その背景にある〝大人の事情〟

が全くわからなかった。

小佐野　猪木が日本プロレスを追放されたということの事件、当時僕らが耳にしたのは、日プロに忖度した報道だったんですよ。例えば馬場には、誰もこの事件について話を聞いていないんです。

猪木が日プロで最後に試合をしたのが12月7日の札幌中島体育センターで、それが終わって猪木は帰京します。この時の『'71ワールド・チャンピオン・シリーズ』が終わるのが12月12日で、13日に猪木の追放が日プロから発表されます。猪木は翌14日に反論会見をしているんですけど、馬場はその日に海外に発ってしまった。それで年が明けて新春シリーズが始まったら、普通に試合をしています。

二宮　とにかく猪木が何か企んで追い出されたという悪者扱いの印象でしたけど、猪木のプロレスに魅了されていた人は私を含め多かったので、誰もがショックに見舞われたはずです。猪木ファンの子供たちは、もう猪木のプロレスが一生見られなくなるかもしれないと本当に思ったでしょう。しかし、そこから猪木は、すぐさま新日本プロレスの旗揚げに向かうわけですね。日プロ追放から新日本設立まではどれぐらいの期間だったんでしょうか。

小佐野　ちょうど1カ月ですね。71年12月13日に猪木が追放され、現在の新日本の公式サイトの会社情報によると設立は72年1月13日ですから、すぐに会社登記していたんです。これは追放されてから計画したようには思えないんです。

二宮　思えないですね。早いというより、早すぎますね。

小佐野　道場開きも1月29日にやりました。猪木はすぐに自宅の庭を潰し、木戸修の父親が木戸工務店というのをやっていたので、木戸のお父さんが現場監督になって道場を作ったんですよ。なにしろ新日本の旗揚げ戦が3月6日ですからね。普通に考えたら、そんなにすぐにはできないですよ。

二宮　その時、多くのレスラーが猪木に付いていきました。

小佐野　山本小鉄、木戸修、藤波辰爾、それから魁勝司こと北沢幹之と柴田勝久ですね。北沢と柴田はメキシコにいたんですけど、倍賞美津子さんが「アントンが困っているから助けてあげて」とまず電話を入れ、その後、猪木自らメキシコに飛んで、口説いているんです。そしてニューヨークに飛んでカール・ゴッチに会って、外国人の斡旋を頼んだ。ＮＷＡは日プロが、ＡＷＡは国際が押さえている。そしてＷＷＷＦ（現・ＷＷＥ）も日プロが押さえているので、外国人を呼ぶルートがなく、ゴッチの裏ルートに頼るしかなかったんですね。

その直前までゴッチはレネ・グレイと組んでＷＷＷＦの世界タッグ・チャンピオンだったんですが、この時はちょうどベルトをなくしてニューヨークにいたんです。だから、一緒にサーキットした連中をＷＷＷＦを通さないで個人的に斡旋したり、後はＮＷＡ系でもノースカロライナのジョージ・スコットというブッカーと昔から知り合いだったので、リングネームを変えて選手を連れてきたりとかした。もちろん妨害もあったのでいろいろな手を使って招聘したんです。

例えば、新日本の旗揚げシリーズに参加したジム・ドランゴとジョン・ドランゴのドランゴ兄弟。兄のジム・ドランゴはボブ・アームストロングというレスラーです。それからレッド・ピンパネールというマスクマンの実力者が来ていたんですけど、日本ではアベ・ヤコブっていう名前で呼ばれていました。ノースカロライナで活躍していたベテランだったので、宣材写真にマスクを描いたりして、妨害を受けないようにしていましたね。ヨーロッパルートもゴッチです。国際もヨーロッパからの招聘はゴッチでしたから。

第四章

新日本VS全日本の時代

——「攻める猪木」に贈った「逃げる馬場」の回答

馬場の日本プロレス離脱、全日本プロレス設立へ

二宮　猪木追放事件の衝撃の一方で、驚いたのは馬場も新団体の設立に向かい、同じ72年9月9日、全日本プロレスを設立したことです。これには日テレの強力なバックアップがあったのは公然の秘密ですが、面白かったのは、全日本設立の動機に関して「みんなに認めてもらえるような会社を作りたかった」と言っていることです。これは馬場の正直な気持ちだったと思います。猪木追放を巡るゴタゴタであぶり出された日プロ内部のどうしようもない体質、裏社会との関係といったものを払拭して出直したいというメッセージだったんじゃないでしょうか。

小佐野　そもそも馬場は穏やかで揉め事が苦手なタイプですからね。それと猪木を失ってどうしても馬場を出したいNETに対し、馬場を独占したい日テレサイドと利害が噛み合ったということですね。

二宮　そして、全日本プロレス旗揚げに際し、アマレスから鳴り物入りで全日本入りしたのがジャンボ鶴田でした。驚いたというより参ったのが、「尊敬する馬場さんの会社

を選びました」「全日本プロレスに就職します」という発言です。プロレスラーが一般人のように「就職」はないだろうって思ったのが私たちの感覚でしたけど、馬場は「嬉しかった」と本の中で書いています。馬場にしてみれば、きちんとした会社として認めてもらったことが嬉しかったのかな。鶴田は中央大学法学部出身で、プロレス入りに際し「会社」「就職」という言葉を使った。規格外の身体能力を持つ鶴田ですが、彼も思想的には馬場同様、保守穏健派でした。

というのも、馬場はプロレス入りする際に、力道山の目の前でスクワットをやらされたという話がある。それをこなせたので「明日から来い」となったらしい。その時に「巨人ではいくらもらってたんだ？」、「5万円です」、「じゃあ給料は5万円だ」という力道山との会話があったと言われています。

小佐野　それがすぐに反故にされたという話ですよね。

二宮　最初の1カ月は5万円もらったけど、すぐに「試合も出てないのに5万円も出せるか」と言われて3万円にされたと。ただし、当時の大卒の初任給は2万円未満ですから、3万円でも悪くはないんですけどね。

小佐野　それでも当時は、道場から家に帰る電車賃がなくて「カネが落ちてないかな」

と思いながら歩いて帰ったっていう話ですよね。

二宮　そうしたら財布が落ちていて、拾ったら3000円入っていたので、それを使って帰ったと。3000円だったら交番に届けないと良心が痛むけど、300円だったから適当な額だったという話です。

小佐野　一方の猪木は合宿所に住み込みだし、一応飯も食うには困らない。でも猪木は「馬場さんは給料をもらってるんだ」とたぶん思っていたんだろうし、どっちの境遇が良かったのかはわからないですよね。

二宮　そうですね。それと馬場は自伝の中で、それまでは野球のユニフォームを着てやっていたのに、人前で裸になるのは嫌だったと言っています。「ストリップでもしているようで恥ずかしかった」と。馬場が鶴田の発言を喜んだのは、若い頃のそういう経験からくるコンプレックスの裏返しがあったんだろうなと思いますね。

小佐野　全日本の旗揚げ戦は72年10月22日で、ジャンボの入団会見があったのは10月31日です。彼はその年のミュンヘンオリンピックに出ていますけど、それはプロレスラーになるための実績作りでした。

二宮　鶴田は山梨の日川高校から中央大学に進学したわけだけど、レスリングを初めからやっていたわけじゃない。

小佐野　高校はバスケットボールをやっていて、中大にもバスケで入っています。でも、中大でバスケをやっていてもオリンピックには行けないと考え、ボクシングかレスリングか迷った挙句、ボクシングは今からやっても遅いということで、レスリングにしたようです。オリンピック選手の肩書きを使えば、プロレスに入る時、有利になるかなって考えたようですね。

二宮　その思惑どおり鶴田はオリンピックに出場し、馬場は鶴田のピカピカの経歴に惹かれたということですね。

馬場の恐ろしさ——鶴田クーデター事件

小佐野　でも、後に馬場は「ジャンボも天龍ぐらい、プロレスに一生懸命に打ち込んでくれる男だったら良かったのにな」と言っていたんですよ。だから、馬場が自分の後継者として考えていたのは、実はジャンボではなく天龍だったんです。

二宮　そうしたねじれがプロレスの面白いところ。鶴田の後継は既定路線だったはずですが、どこで天龍に代わったんですか。

小佐野　『世界オープンタッグ選手権』のあった年、77年ですね。ジャンボがクーデターを企て、サムソン・クツワダ（轡田友継）と新団体を作ろうとした。クツワダが笹川良一さんと組んで企てたことなんですね。彼もその方面の人たちと繋がりがある人ですから。

二宮　みんな怖いところへ近寄っていきますね（笑）。

小佐野　新しいプロレス団体を作って馬場と猪木を引退させ、ジャンボをエースにするという計画だった。クツワダは妙に顔のきく男で、全日本の興行の一部を手掛けるプロモーターの顔も持っていたんです。

二宮　なるほど、新日本で言えば永源遙みたいな存在ですね。

小佐野　そうです。しかしそのクーデターは事前に発覚し、クツワダはクビになった。でも馬場はジャンボを許し、その時に「B＆J」という会社を作って、そこの社長に据えたんです。この会社は要するにリング屋です。それまでリングの運搬・設営は外注でしたけど、それを担当する会社を自前で作ったんです。B＆Jは「馬場＆ジャンボ」の頭文字で、つまり「お前をそこの社長にするから、二度と変なことはするなよ」ということです。

二宮 クツワダの話に乗ったということ自体、ジャンボは全日本や馬場に対し、何か不満を抱えていたんでしょうか？

小佐野 その時は若かったし、さほど不満はなかったと思うんですよ。「新しい団体でお前をエースにする」と言われ、単純に舞い上がってしまったんじゃないですかね。

二宮 猪木が東京プロレスに行った時とどこか似ていますね。あの時の猪木も若かったですから。鶴田はレスラーとはいえ「全日本プロレスに就職しました」と言った人ですから、馬場の後継者はともかく、会社のそれなりのポストに就きたいと考えてもおかしくはないですよね。

小佐野 その辺の感覚はわからないですが、あの時のジャンボはレスラーの地位で考えるとすでに馬場に次ぐナンバー2だったけど、選手間の上下関係でいくと日プロから来た人たちが全部上でしたから下から4番目です。そういう意味でのアンバランスにすっきりしないものがあったとも考えられます。ただ、この一件を馬場は許してくれたし、ジャンボの不満を解消すべく社長にもしてくれた。それと同時に、ジャイアント馬場の恐ろしさも知ってしまったわけです。

二宮　この人には逆らえないと……。

小佐野　それからのジャンボは注意深く、疑いのかかるような行動は取らないということに徹しました。何もかも割り切ってリングに立つだけになってしまったんです。後の話になりますけど、81年に馬場は日テレの松根光雄さんに全日本の社長を譲るんですが、その松根さんがジャンボに会社を任せようとしたことがありました。でも、ジャンボは断っています。「自分はリングの上のことは言われた通りにやります。でも、お山の大将とかそういうことはやる気はありません」と言っているんです。

当時のジャンボは日テレ派みたいなところがあって、日テレもジャンボを上に持ってきたいと思っていた時期でした。馬場はそれがわかっているから余計に天龍を可愛がったんですね。さらに、リーダーシップを発揮しないジャンボに苛立ち、全日本の未来を憂えた天龍がジャンボと輪島を挑発した「天龍革命」（87年）が起こってからは、本当に馬場は天龍を信用するようになった。例えば、第一次UWFが崩壊した時でも「前田（日明）と髙田（延彦）を呼ぼうと思うけど、お前はどう思う？」とか、全て天龍に相談していました。

二宮　それは興味深いですね。ただ結局、長いプロレス史の中でしっかり後継者を育てて、禅譲した例は思い浮かびませんね。

小佐野　そうなんですよ。全日本の馬場－ジャンボという関係に対して、新日本も猪木－藤波というラインがあったわけですが、最終的に猪木が後継者とまでは言えないにしても、現場監督という立場にしたのは長州力でしたからね。藤波も一度クーデター事件に絡んで、あそこから関係がおかしくなりました。そういう意味では似ていますね。

二宮　結局プロレス界では、ナンバーワンレスラーでなければ社長にはなれないし、一度実権を握ったらそう簡単には手放さない。「お前に任せる」ということが起きにくい世界ですよね。鶴田のＢ＆Ｊにしても、馬場夫妻が株を持っているんだから、社長と言っても名ばかりなんですよね。

小佐野　Ｂ＆Ｊの実質的な社長は馬場元子さんでしたから。元子さんとしては「ジャンボがちゃんと経営をできるようになるまで、私が面倒を見る」ということだったんですけど、ジャンボにしてみれば「名前だけの社長じゃねえかよ」ということになりますよね。馬場が亡くなった後、三沢光晴が全日本の社長になったけど、何をするにしても元子さんの鶴の一声で全部がひっくり返ったというのと一緒です。結局三沢も「俺はしょせんお飾りじゃないか」ということで「プロレスリング・ノア」の旗揚げ（２０００年）

に繋がるわけですからね。

二宮　馬場亡き後、全日本をはじめジャイアント・サービスとか関連会社の株は元子さんがほとんど譲り受けたんでしょうね。もともと持っていた分も合わせれば大株主です。

小佐野　あの辺の会社は全部そうですね。だいたい全日本にいる社員が、自分が全日本の社員なのか、ジャイアント・サービスの人間なのか、B&Jなのか、よくわかっていない状態でした。

二宮　となると、ジャンボがこのまま全日本にいてもどうせ……という気分になってクツワダの誘いになびいた気持ちもわからないではない。クツワダの説得もうまかったんでしょうね。

小佐野　全日本に対して諦めたものがあったのかもしれないですね。ザ・グレート・カブキ（高千穂明久）にしても、クツワダとジャンボのクーデター騒動の時に元子さんに「あなたがいなくなったら、若手レスラーは誰が育てるの？」と言われてアメリカ行きを反対されています。それでもカブキは「俺はまだ30歳なのにコーチかよ？」と嫌になってアメリカに行っちゃったんですよ。

二宮　そのカブキには、アメリカでブレイクし、馬場に「ファイトマネーを上げて下さい」と頼んだら、１００円上がったという逸話がある（笑）。馬場の巨人時代の話で出ましたけど、選手たちの間でコーチたちへの贈り物をやめようという申し合わせを真に受けて、一軍の試合に使ってもらえなかった。その経験から馬場は「そういうことはやめろ」と選手たちに言うのではなく、「そういうことも大事だよ」と言っていたという話につながりますね。俺はそこで大人の社会を学んでここまできたんだから「鶴田、お前もそうしろ」という思いが背景にあったのかな。馬場にはプロレスをテコにして何かを成し遂げたいという思いがなかった。たどり着いたプロレスの世界を良くしたいという思いはあったでしょうけど。そこが猪木との決定的な違いですね。

小佐野　日プロの最後は関係が崩れましたけど、リング上では挑戦だの何だの言っても、馬場と猪木は、俺たちで会社を何とかしようと手を握り合っていたわけですからね。

二宮　馬場が言っていたのは、自分は人生で2回挫折を味わっていると。それは巨人をクビになった時と脳腫瘍になった時。あの頃は馬場もまだ20代前半ですよ。その若さで2回も人生の絶望を味わうという経験は、人生観に大きな影響を与えますよね。

小佐野　『週刊ファイト』の井上義啓編集長が「馬場さんは金勘定のプロレス」と言っていたんですよ。でもそれは、いろんな挫折を味わった中で、本当にお金というものが必要だと感じたからなんだろうなと思うんです。

二宮　300円を拾った話もそうだけどお金の苦労もしているし、それ以上に2m9cmの人でなければわからないコンプレックスがあって、自分みたいな人間が同調圧力の強いこの国で生きていくのは大変だという思いがあったんでしょう。電車に乗っても目立ってしまい、「巨人をクビになった馬場だ」と言われるのは嫌だったと本人も語っています。どこに行っても逃げ場がない。こうした生きづらさは普通の人にはわからないでしょうね。

小佐野　プロレスでスターになってからも、「馬場だ、馬場だ」と言われるのが嫌で旅館にこもっていたわけですからね。

二宮　しかも、若くして脳腫瘍を患って生きるか死ぬかを経験した。そして、巨人をクビになって大洋に入ったと思ったら、またケガをするわけでしょう。

小佐野　ホエールズの合宿所の風呂場で腕をやっちゃいましたね。

二宮　どこにいても目立つ身体と若い頃の挫折。巨人で一旗揚げようと思って出て来たため、おいそれと故郷にも帰れない。これは辛かったでしょう。ところで、風呂場でのケガはボールを投げる右腕ではなく左腕で、グローブがはめられなくなったことも野球を断念する理由の一つです。プロレスラーになってから、手や指が不自由だと言っていたことはあるんですか。

小佐野　聞いたことはないですね。ただ、プロレスって基本的に右手右足は攻めないんですよ。だから馬場もケガをした左腕を攻められているから、支障はなかったと思うんですね。レスラーの中には、肘とか神経に問題があって握力が全然ない人とかもいますからね。ウルティモ・ドラゴンも手術に失敗して現役に戻ったけど、握力は全然ないそうです。ただ利き腕じゃないから大丈夫なんでしょうね。

仕掛人・猪木――猪木襲撃事件

二宮　猪木追放事件があって年が明けた72年、猪木の新日本、馬場の全日本が旗揚げし、日本プロレスの一党支配だったプロレス界の構図は、あっという間に変わります。馬場・猪木を失った日プロはフェードアウトしていき、日プロの選手たちは新日本と全日本に散らばっていくという流れになりましたね。

小佐野　新日本旗揚げ時のメンバーは北沢幹之（魁勝司）、山本小鉄、柴田勝久、木戸修、藤波辰爾。テレビが付くまでの間は豊登も参加していました。73年4月には日プロとの合併計画が一度は発表されたんですが、大木が反対して破談となり、この時に合併に賛成していた坂口ら数名とレフェリーの田中米太郎が新日本に移ってきています。日プロは選手と契約書を交わしていなかったため、選手は簡単に移籍できました。

二宮　一時的とはいえ、猪木を東京プロレスに誘って最後は訴訟合戦までした豊登がまた出てくるんですよね。

小佐野　プロレス界の人間関係は、一般社会から見れば不思議なところがありますからね。豊登の場合は、昔可愛がってもらった恩は恩というところが猪木にあったんじゃないですか。

二宮　豊登はどこかぬけていて、根っからの悪い人ではなかった印象があります。

小佐野　坂口が移籍した73年4月からは『ワールドプロレスリング』として日プロの試合を放送していたNETが新日本に乗り換え、いよいよ、新日本プロレスがテレビ放送されることになります。そして74年には日プロが押さえていたWWWFと業務提携することで、外国人レスラーの招聘も軌道に乗ります。

二宮　タイガー・ジェット・シンが新宿で猪木を襲撃するという前代未聞の事件が起こ

ったのはこの頃ですね。

小佐野　73年の11月5日、新宿伊勢丹前での襲撃事件ですね。あの事件は東スポでさえ撮ってなくて、写真がないんです。

二宮　あんなところでバッタリ遭うなんてあり得ない話ですが、マスコミにも全く知らされていなかったんですか？

小佐野　知っていたら絶対に撮っていたでしょうから、知らなかったんだと思いますね。

二宮　一緒にいた倍賞美津子さんも知らなかったと言っていましたね。

小佐野　あの時は、猪木の弟の啓介さんが結婚するというので、猪木が「何かプレゼントを買ってやる」ということで新宿に買い物に行った。そうしたら、なぜかそこにシンが現れたそうです（笑）。啓介さんはすでに新日本の社員でしたから会釈をしたら、いきなり猪木に襲いかかったと……。

二宮　偶然、バッタリ遭ってしまったと。後でシンは「どこであれ、猪木がいれば闘うのは当然だ」と無茶苦茶なことを言っていました（笑）。

小佐野　あの時、シンは一人ではなく、ビル・ホワイトとジャック・ルージョーも一緒にいたんですよ。ビル・ホワイトが後のインタビューで「たぶん手引きした人間がいるんだろうけど、あそこまでやるとは思わなかった。シンは完全に自分に酔って、やり過ぎた」と語っていますから、猪木サイドの仕掛けだったにせよ、シンが暴走してしまったということでしょう。結局、警察にシンを出頭させるか、帰国させるか、始末書を書くかどれにするかと言われ、始末書を提出しています。

二宮　シンを帰国させるわけにはいかないし、かといって、猪木が被害届を出すわけにもいかないですからね。まあ警察には事情を説明したんでしょうけど、警察も取り扱いに困ったでしょうね。

小佐野　しかし、この煽りは大いに効いて、猪木とシンの因縁はヒートアップし、視聴率は爆上がりになっていきましたから、不測の事態はあったにせよ、結果的には大成功でしたね。

藤原の「長州襲撃事件」は猪木の演出?

二宮　猪木の日プロ復帰の際の演出は会場内だったから問題はありませんが、公道を使っての演出となると眉をひそめる向きもあったでしょう。まさか警察に、公道を使って何日の何時何分、乱闘を行いますから、と届けるわけにもいかない。

小佐野　その後、新日本では花道から登場してきた相手に襲いかかるというのがありましたけど、あれは藤原が最初でしょう（84年2月3日）。しかもあの時は藤波と長州の試合で、試合に関係ない藤原がいきなり出て来て暴れるというパターンでしたからね。

二宮　テロリスト藤原喜明ですね。藤原が凶器で長州の顔面を血まみれにしてしまったあの事件が花道襲撃パターンの最初ですか？　花道での乱闘は過去にもありましたけれど……。

小佐野　そうだと思います。それにしてもあれは大混乱の中、一応試合は始まったものの結局、不成立になりましたから、あり得ないですよ。しかも、テレビの生中継の目玉カードでやったんですから、そりゃあ藤波だって「こんな会社辞めてやる！」と叫んで飛び出て行くよなって（笑）。

二宮　あれは札幌でしたよね。藤波はあんなことが起こるとは全く知らず、怒って雪の中をそのままタクシーに乗って帰っちゃった。あれも猪木が絵を描いたんですか。

小佐野　絵を描いたのは猪木だと思います。あの興行は「新日本プロレス興行」の興行だったんです。あの事件の前年の83年の夏、新日本で猪木社長と坂口副社長を退陣させるクーデター事件が起きるんですが、クーデターを画策した一人で、営業部長だった大塚直樹さんが、その後新日本を退社して、猪木の承諾を得て新日本プロレス興行という会社を作るんです。そして猪木に興行を譲ってもらった一発目の大きな興行が、藤原がテロリストとして脚光を浴びるようになった84年2月3日の札幌中島体育センターでの大会なんですよね。だから大塚さんは、あれは猪木の嫌がらせだと思ったらしいです。

その後、この会社はジャパンプロレスになるんですけど、前年のクーデター事件の際、藤波は大塚さんとくっついていたので、札幌の事件は「猪木さんにやられた」と今でも思っていると思います。「あの時の黒幕は猪木さんだった」と言葉は濁しながらも未だに言いますから。

二宮　そういう伏線があったんですか。ただ猪木には、ここで藤原を売り出そうという意図もあったわけですよね。

小佐野　藤波と長州だけをいつまでも売っていてもマンネリだという意図が、猪木にはあったんだと思います。でも藤波としてはやはり、あれは許せなかったんでしょうね。

二宮　当然の怒りですよね。試合の前だし、場外乱闘ならともかく、試合を不成立にしてしまったというのは、あれが初めてですよね。

小佐野　初めてだと思います。試合途中で乱入ならまだわかるんですけど、試合前でしたからね。

二宮　長州が「俺はお前の噛ませ犬じゃねえ！」と言って藤波に噛みついたわけですが、あれは理屈が通っていました。札幌での事件に藤原はどういう理屈をつけたんですか？

小佐野　それは、藤波に「お前の噛ませ犬じゃねえ！」と言った長州に対して「もっと下がいるんだよ！　ふざけんな！」という理屈だったわけですよ。

二宮　なるほど。下剋上ですね。

小佐野　でも、あの襲撃事件で藤原は世に出て、ちゃんと商品になったわけですからね。

二宮　そうですよ。藤原は〝関節技の鬼〟と言われていたけど、地味な存在で、商品価値としては高くなかった。それが一夜にしてテロリストですからね。凶器も半端じゃなかった。

小佐野　スパナみたいなものでした。でも、藤原はあれからヘッドバットをやるようになりましたし、名前を売ることには成功しましたね。

考えてみれば、ああいう大きな興行を平気でぶっ壊すところが、猪木の凄いところなんですよ。そういうことをして、時には失敗して大暴動を引き起こしたりもしましたけどね。84年6月14日、蔵前国技館で行われた『第2回IWGPリーグ戦』の決勝戦、猪木VSハルク・ホーガンでなぜか長州が乱入したじゃないですか。あれが初めての暴動事件でしたけど、あの時だって、長州はタクシーを2台用意していて、どっちに乗ったかわからないようにして会場から去った。なぜなら、怒ったファンにやられる可能性もあったからなんです。

二宮　そこまで用心していたんですね。

馬場が仕掛けた「輪島襲撃事件」

二宮　どんな興行でも、観客をいかに盛り上げるかというのは大テーマですけど、プロレスはその最たるものです。馬場は一見、そういうことが苦手なタイプに見えますが、結構いろいろやっているんですよね。

小佐野　ああ見えて馬場も相当な仕掛人だと思います。例えばシンが、羽田空港の荷物が出てくるところで輪島を襲った事件もありました。87年の2月6日です。輪島は全く知らされてなかったらしくて、「何だ、あいつ!?」と言っていましたからね。この事件は馬場がシンにチップを渡して焚き付けたと言われています。シンは「やれって言われたからやったんだ」って。

二宮　シンで思い出したのは、前の本の時に小佐野さんが披露してくれた話。シンは相手の靴を見て、エナメルの靴を履いているのはヤクザ者だから絶対に手を出さないっていう話がありましたよね。そのあたりのシンの賢さは半端じゃないですね。

小佐野　シンに関しては結構危険なトラブルがありましたから、学んだんでしょう。シンが全日本のマットに上がっていた時、ジャパンプロレス主催の広島の興行で、長州と一騎打ちをして、長州を血だるまにしてしまったんです。そうしたら、そっち系の人が「俺がシンを撃ってやる」と本気でいきり立ったことがありました。ジャパンプロレス社長の大塚さんが必死に止めて事なきを得たという話でしたけど、そういう話は昔からありましたね。

よくあったのが、若手レスラーがヤクザの子供を殴っちゃったという事件です。その子の親のヤクザが殴り込んでくると、そこへ猪木が割って入って、殴った奴を思いっきりぶん殴るんですよ。その迫力にヤクザも「いや、そこまでやらなくても……」となって引くんです。

二宮　今でこそ暴対法で締め付けられすっかり縮こまっていますが、戦後は、抗争に次ぐ抗争で有力な暴力組織が勢力を拡大していった時代です。シノギも博打やみかじめ料だけでなく、芸能やスポーツの興行に乗り出していった。プロレスやボクシングの興行にはそうした人たちが密接に関わっていました。ある意味、昭和プロレス史は、昭和の裏面史でもあったわけです。

小佐野　菊池孝さんによれば、昔はプロレス会場でヤクザの襲名披露が行われたこともあったそうです。大雑把に言えば、力道山の時代まではその筋の人たちが堂々と興行に関わっていたのがだんだん薄まっていって、70年代後半から80年代に入ると、プロレス界もかなり健全になっていきましたよね。ただそれでも、日本プロレスプロモーター協会というのがあって東プロや国際、あるいは後の新日本の興行でも、そっちをやったら日プロの興行はできなくなるから、という圧力をかけていたんです。だから表向きヤクザは排除したけど、そういう暴力の論理はまだ生きていたんだろうと思いますね。

全日本VS新日本、対立の構図

二宮　１９７０年代から80年代にかけて、全日本では馬場に鶴田、天龍が続き、新日本では猪木、坂口に藤波、長州が続くという流れが作られていきました。全日本と新日本には日プロ時代から持ち越した馬場・猪木のライバル関係、対立関係があったわけですが、もう一つ、両団体の対立を語る上で大事なのは、外国人レスラー招聘を巡る問題、特にアメリカのＮＷＡとの関係があったと思います。ＮＷＡと言えば、私が子供の頃は巨大なプロレス組織として世界の覇権を握っているというイメージがありましたし、ＮＷＡのチャンピオンベルトには他のベルトにないステイタスを感じたものです。

馬場はＮＷＡのことを「ナショナル・レスリング・クラブ」と言っていました。本当の名称は「ナショナル・レスリング・アライアンス」ですが、その言い方にこそ、ＮＷＡの一員であることへの馬場の誇りが感じられました。当時、全日本はこのＮＷＡに加盟しているからこそ、いい外国人を連れてこられるんだ、というのが定説になっていました。

小佐野　確かに昔は、新日本はNWAに加盟できないというのが定説になっていました。しかし実はそうではなかった。NWAは団体加盟ではなく、個人加盟だったんですね。だから、後に新日本からも加入者が出ます。坂口、新間の両名がメンバーになっていますが、猪木も入ろうと思えば入れたと思います。日プロが潰れてからも芳の里がNWAのメンバーだったのは個人加盟だったからなんですよ。実は、僕が初めてアメリカに取材で行った時は、馬場が持っていたNWAメンバーの手帳みたいなものを見せてもらって、そこに載っていたメンバーの連絡先をたどったんです。

二宮　そうするとNWAへの加盟の問題というより、馬場個人のステイタスや人脈のほうが大きかったということになりますね。昔、雑誌に載っていたNWA総会の写真で、馬場が錚々（そうそう）たるプロモーターたちに囲まれているのを見て、馬場は世界に出ても凄いんだなっていうイメージを持ちました。

小佐野　新間さんの話によると、NWAの加盟申請をしていた頃は相手にされず、本会議にも入れず、外で待たされたということでした。猪木もテレビ朝日のお偉方を連れて行ったことがあるようですが同様の扱いで、肩身の狭い思いをしたそうです。そこへいくと馬場はいろんなプロモーターに囲まれ「ミスター馬場」と呼ばれていたそうですね。

NWAというのは、他の団体とは根本的に違いますからね。AWAやWWFは日本のプロレス団体と同じようなものだと考えればいい。ところがNWAはそうした団体が集まったもので、いわば各団体を束ねた組織なんです。そこに共通のNWA世界チャンピオンがいて、それが1週間ずつ各地を回っていくシステムなんですよ。

二宮　だからこそアライアンスなんですよ。そして、その中の一つに馬場がいる全日本があったということですね。

小佐野　そうです。だから、日本に加盟者のいる団体が2つあると厄介だったのはあるでしょう。世界チャンピオンをどっちに送ったらいいんだという話になりますからね。

二宮　そうすると、坂口や新間さんが個人加盟してからは、新日本もNWA世界ヘビー級チャンピオンを呼ぼうと思ったら呼べたということですか。

小佐野　佐藤昭雄さんによれば、「メンバーがいるんだから、正式な手続きをすれば呼べないことはなかった」と言っていました。メンバーからの要請は断れないはずだと。ただ、そこは信頼度の問題はあったかもしれないです。「猪木のいる新日本にNWAチャンピオンを送るのは危ないんじゃないか」ということですよね。ボブ・ガイゲルが会長の時に聞いてみたら「新日本からオファーが来たら、送らざるを得ない」とは言っていましたけどね。

二宮　なるほど、新日本にも可能性はあったと。しかし、馬場と猪木の対立軸を考えた時、「NWA」が外せないキーワードだと思うのは、馬場はNWAと組んでいるから外国人にも恵まれたけど、猪木にはそれがない。だから、全日本がアドバンテージを持っているという定説があったわけですよ。一方の猪木も、冷や飯を食わされていることを逆に利用した。アメリカの支配構造に組み込まれている馬場には屈しないと……。全共闘世代に猪木ファンが多いのはわかります（笑）。

小佐野　ありましたね。それは実際には、NWA以前に馬場個人の強みということになると思います。馬場の強みは何といっても、アメリカ修行時代にメインイベンターになり、大物レスラーたちと当たっていたことなんですよ。例えば日本でお馴染みのボボ・ブラジルもそうですし、NWAチャンピオンだったバディ・ロジャースもそうです。そうなると馬場は向こうで認められているから、日本に呼んだ時も「馬場がトップのプロモーションか」ということで、安心して来ることができるんですね。外国人選手も馬場を尊重し、馬場も相手を尊重する。そうやっている間に強い信頼関係が出来上がっていったわけです。

ただ一方の猪木だって、アメリカ修行時代に最初に行ったカンサスではハーリー・レイスとガンガン試合をしていました。NWAチャンピオンだったパット・オコーナーも猪木のことを好きだったみたいですから、東京プロレスがうまくいっていたらNWAは東プロとくっついた可能性もあるんですよ。またサニー・マイヤースは、力道山にしごかれている猪木を見て、「そんな所にいないで、アメリカに来れば俺が面倒をみてやる。カンサスに来いよ」と誘ってもいます。東京プロレスの旗揚げシリーズにはサニー・マイヤースが来ていましたからね。

“逃げる馬場”がNWAのベルトを奪取

二宮　力道山の時代から世界で一番権威あるタイトルと言われたのが、NWA世界ヘビー級王座でした。そのNWAのベルトを馬場がジャック・ブリスコから鹿児島で奪取した時（74年12月2日）のことはよく憶えています。これは大変なことになったなと思いました。私が中学3年生の頃でしたけど、なぜそう思ったのかという理由は二つあります。これで馬場がアメリカに行かなければいけなくなるんじゃないかと思ったことが一つ。もう一つは、このベルトを保持していけるんだろうかということ。私が心配する話ではないのですが……。

小佐野　1週間後の12月9日に豊橋でブリスコに落としましたね。あの74年という年は、猪木躍進の年なんですよ。3月19日に蔵前国技館でストロング小林と、10月10日には同じ蔵前国技館で大木金太郎とNWF世界ヘビー級選手権試合で名勝負を繰り広げ、「ジャイアント馬場は俺と闘え！　日本選手権開催だ！」と挑発しているんです。その年末に、馬場はNWAを獲った。「猪木よ、俺は日本選手権じゃなくて、NWAを、世界を獲ったんだよ」と。それが馬場の答えだったんです。それはNWAに加盟していない人間の団体の選手とは試合できないよ、ということも意味していたわけです。たぶん猪木もやられたと思っていたんじゃないかと思いますね。

NWAを獲った馬場は、12月5日に東京の日大講堂でブリスコとリマッチして、そこでは防衛するんです。この試合はNWAとPWFのダブルタイトルマッチで、馬場は2本のベルトを持っている写真がどうしても欲しかったんだと思います。

二宮　それで三度ブリスコとやって、最後に豊橋で落とすと。

小佐野　落とす時はどうでもいい場所なんですよ（笑）。

二宮　いずれにしてもNWAチャンピオンは日本人初の快挙でしたし、その裏にあった背景まで考えたら、馬場も相当な〝政治家〟ですよね。

小佐野　馬場を挑発し、実力日本一に突き進む「攻めるアントニオ猪木」に対し「逃げるジャイアント馬場」みたいな構図を、猪木が作った。ところが、馬場は「おいおい、俺は世界だよ」と是が非でもやり返したかった。そして、それを実現したということですね。

実は、大木戦の前にも、芳の里、豊登、大坪清隆なんかが日本プロレスOB会と称して、「馬場は猪木・大木戦の勝者と闘うべきだ」という勧告書を、内容証明で馬場に送りつけているんですよ。後で聞いたら、新間さんが「俺が根回しして仕掛けたものだ」と言っていましたけど。

二宮　新間さんはそういう仕掛けをする人ですよね。その猪木サイドの追い詰め方も凄いけど、追い詰められた馬場が打った手は、まさに一発逆転。

小佐野　あの時代、やられたらやり返すという形で馬場・猪木のバランスが保たれていったから、見ている僕らは面白かったわけですよね。

二宮　それにしても「日本でゴタゴタやってる場合じゃない。俺は世界一になったんだよ」というメッセージは見事でした。

小佐野　当時のプロレス界の最高権威は誰が何と言ってもNWAでしたからね。それが馬場の拠り所でもあったんです。

二宮　しかも、一度は防衛実績をしっかり作ってからベルトを戻しているわけですから、これなどは馬場への信頼度がなせる業ですよね。

小佐野　「第49代チャンピオン・ジャイアント馬場」は、NWAでも公式に認められた記録になっていますからね。馬場なら大丈夫だろうという信頼ですね。ただ、その後、79年10月31日、馬場は佐賀でハーリー・レイスから再びNWAのベルトを奪取するんですが、その時は問題になったみたいですね。後でレイスはランニング・ネックブリーカーで頭を打って起き上がれなかったと、言い訳しています。あの時は確かに、レフェリーのジョー樋口さんのカウントが、ツーの後ちょっと間が空いて、スリーが入っているんですよ。あの試合は後にNWAの総会で流して、検証したそうです。

二宮　ランニング・ネックブリーカードロップは、すれ違いざまに腕で首をもっていく技ですから、一瞬の脳震とうを起こしたとしてもおかしくはないと……。

小佐野　だから、レイスはアクシデントだと言い張ったんです。それはともかく、普通に考えると、ＮＷＡは猪木には怖くて挑戦させられなかっただろうと思いますね。どうなるかわからないところがありますからね。

二宮　向こうから見たら、やはり馬場と猪木との信頼度の違いがあったんでしょうね。ともあれ、こうした出来事が74年だとすると、やはり１９７０年代が馬場・猪木の対立のピークだったということが、このＮＷＡの一件からもわかりますね。

第五章

馬場&猪木の必殺技秘話

——16文キック、コブラツイストはこうして生まれた

「ココナッツ・クラッシュ」こそ馬場スペシャルだった

二宮　この章では、馬場と猪木の必殺技ついて語っていきたいと思います。馬場と言えばやはり16文キック、32文ロケット砲（ドロップキック）が有名ですね。

小佐野　それから初期ではココナッツ・クラッシュ（ヤシの実割り）ですね。よくココナッツ・クラッシュはハワイで会得してきたと言われますが、それは全く嘘っぱちのエピソードです。アメリカ遠征から凱旋帰国してきた63年3月24日、蔵前国技館大会のメインでキラー・コワルスキーと45分のフルタイムドローの試合をやっているんですが、その頃、馬場が使えた技がチョップとココナッツクラッシュでした。だから、その頃から使っていたんです。

二宮　でもココナッツクラッシュという名前は、ハワイ好きの馬場のイメージにぴったり合いますよね。

小佐野　だから、馬場がハワイに行った時、現地の人がココナッツの実をナタで割って、中のジュースを飲むのを見て思いついた技だという後付けのエピソードができたんです。

二宮　それはよく考えましたよね。

小佐野　後に馬場は田上明に「お前、（ココナッツ・クラッシュを）使っていいんだぞ」と言ったんですよ。それは「使えよ」ということなんですけど、本人は嫌がったんです。「だって、あの技はどこが痛いの？　あんなに説得力のない技はないよ」って（笑）。

二宮　馬場が日本プロレスのエースになるまでを描いた梶原一騎（高森朝雄）原作の『ジャイアント台風』という劇画でもこの技が出てきましたが、子供心にも何か無理があるなと思っていましたね。

小佐野　相手の頭を抱えたまま自分の太ももに当て、そのまま頭を挟むように足を上げてドスンと下ろす。そうすると相手が転がるというだけなんですが、要はジャイアント馬場を大きく見せるための技ですからね。

二宮　ココナッツ・クラッシュは馬場が自ら開発した技なんですか？

小佐野　たぶんそうだと思います。ココナッツ・クラッシュは体の大きな人でないと、絶対に見栄えのしない技ですからね。

二宮　ボボ・ブラジルに対しココナッツ・クラッシュを仕掛けていたのをよく憶えています。確かにあの技は2ｍぐらいはないと見栄えがしないので、誰でも使える技ではないですね。

小佐野　ちなみにココナッツ・クラッシュを初めて使った時のコワルスキー戦で、初めて「ジャイアント馬場」というリングネームになったんですよ。この試合は『ワールドリーグ戦』で公式戦なんですけど、前日の前夜祭では「ミスター馬場」だったんです。

16文キックの謎

二宮　では、16文キックはいつ登場したんですか?

小佐野　キックは最初の頃からやってはいたんですけど、特に名前はなかった。16文キックの原型となるキックをやったのは、アメリカに初めて修行に行った62年の6月に、スカル・マーフィーと組んでカルロス・ミラノ&ピーター・センチャーズと試合をした時です。マーフィーは、荒っぽい人でキックをよく繰り出すんです。それで試合中に「ババ、お前も蹴るんだ」と言われて、決めたのがいわゆる「16文キック」の始まりだそうです。でも、当時は特に名前もないし、やってはいたけど必殺技ではなかったそうです。その当時目新しかったのは、ココナッツ・クラッシュでしょう。

左足を高く上げた馬場の16文キック。鶴田と組んでファンクスと戦ったインター・タッグ選手権の試合（1975年3月13日　日大講堂）

16文キックを本当に意識して使い始めたのは、64年10月に2度目のアメリカ遠征に行って、力道山が亡くなった12月に急遽帰国しているんですが、その年が明けた65年の春からですね。その頃、日本の記者が「16文キック」と名付けてくれたそうです。

二宮　16文と言いますが、実際に足のサイズが16文あるかどうか「俺もわからない」と自伝に書いていますね。アメリカでのシューズのサイズが「16」だったと……。

小佐野　日本の寸法で言う16文は38㎝ぐらいですから、それはないでしょう。アメリカの靴のサイズで言う「16（約

31・5㎝）」だということで、「16文」と勝手に書かれただけなんです。

二宮　それが16文キックになったと……。

小佐野　確か佐藤昭雄さんが「馬場さんの16文キックはテレビでは絶対に裏を食わない」と言っていました。「裏を食わない」というのは、テレビがきれいに撮れる角度で放つということです。背中が映ってしまったりは絶対にないと。馬場は常にテレビカメラがどこにあるかをちゃんと確認しているんです。それで一番いい角度で映る方向に相手を投げ、跳ね返ってきたところを蹴る。

二宮　なるほど。全盛期は足も高く上がっていて、あの身長だから相手の顎とか胸板まで届いていましたから、絵になっていましたね。

小佐野　そうなんですよ。全盛期はしっかり踏み込んで当てていましたからね。晩年はただ上げているだけになっちゃったけど。

二宮　上げる足は左でした。

小佐野　左でしたね。

二宮　野球のピッチングと同じですね。プロ野球時代の写真を見ても、左足を結構高く上げていますから、あれの応用でしょうね。

小佐野　専門的に言うと、ロープワークの時にタックルでぶつかる場合は左肩と左肩で当たるんですよ。そのセオリーからすると、右足で蹴るならば、真直ぐに走ってきた相手にヒットさせるには、自分の身体の角度を左に向けなければならなくなる。真っ直ぐにキックするには必然的に左足になるんです。

二宮　昔は師匠の技を勝手に盗んではいけないという不文律があったと以前、小佐野さんから聞きましたが、馬場の師匠の力道山はもっぱらチョップの人で、基本的にキックはなかったですよね。

小佐野　なかったですね。

二宮　キックは力道山とバッティングしないから使えたんでしょうね。

逆水平チョップと脳天唐竹割り

二宮　逆水平チョップもスタンスが開く。腕も高いから見栄えがよかった。

小佐野　たぶん初めの頃は普通に平手打ちのチョップだったと思うんですけど、逆水平チョップも力道山がいた頃からやっていたんじゃないですかね。あれはみんなやるようなチョップで問題ないはずですが、問題は脳天ですよね。

二宮　「脳天唐竹割り」ですね。あれは力道山がそう簡単には許可しなかったと思いますよ。

小佐野　65年11月24日、大阪府立体育会館でディック・ザ・ブルーザーとインターナショナルヘビー級王座決定戦をやった時の馬場のコメントで、「ブルーザーは筋肉の塊で、どこを殴っても効かないから、脳天ぐらいしかないだろうと思ってやった」と言っているんですよ。でも、チョップは力道山の代名詞みたいなものでしたから、生前は遠慮して使っていなかったと思いますね。

二宮　そうですよね。力道山の身長は１７０㎝台（１７６㎝）でしょう。そうすると、ジャンプでもしないと脳天には振り下ろすことはできませんね。

小佐野　大きい人の胸板に連発チョップを入れて倒すのが力道山でしたからね。

二宮　力道山は空手の手刀打ちみたいな感じでしたけど、相撲の突っ張りの応用みたいなところもありました。もし馬場が脳天唐竹割りをやったら、サイズ感の違いも明らかになっちゃうし、やっぱり力道山が生きている間はできなかったでしょうね。

小佐野　そこは馬場も遠慮しただろうし、もし使っていたら力道山が怒るのは目に見えていましたからね。

二宮　馬場ならではのチョップと言えば、脳天唐竹割りとともに「耳そぎチョップ」がありました。

小佐野　あれは馬場が若い頃から日本プロレスに登場していたキラー・カール・コックス戦で初めて使いましたね。あの当時は耳そぎチョップの他にも首筋に打つチョップとか、チョップのバリエーションはいろいろ持っていましたね。

「32文ロケット砲」を生んだ馬場の運動神経

二宮　そして、馬場の必殺技の中でも特筆すべきは、やはり「32文ロケット砲」ですね。2m超えの人のドロップキックは、本格的に必殺技にしたという点では馬場が最初でしょう。

小佐野　そうですね。きれいなドロップキックをやりましたね。

二宮　馬場の運動神経の良さは、あの規格外の身体でドロップキックを打ったことに尽きると思います。

馬場がボボ・ブラジルに放った32文ロケット砲（1968年6月27日のインターナショナル選手権　蔵前国技館）

小佐野　たぶん力道山が亡くなった後でも、ああいうサイズの人がいたからプロレスってもったのかなと思うんですよ。猪木だけだったら、あそこまでにはなってなかった。馬場がいて、猪木がいたから今日まで続いているんじゃないかなと思うんです。

二宮　確かに力道山没後、もし馬場がいなかったら、エリックやブラジル、キニスキーも生かすことができなかったでしょう。

きれいなプロレスを目指した馬場

二宮　ハムラビ法典で有名な「目には目

を、歯には歯を」というフレーズが馬場の常套句でしたけど、たとえば相手がベビーフェースの時に耳そぎチョップをやると、馬場がヒールみたいに見える。その辺は相手によって使い分けていましたよね。

小佐野　馬場のプロレスにはこだわりがあって、基本、きれいなプロレスが好きなんですよ。だから、ベビーフェースと試合をする時はこうしなきゃいけないとか、ちゃんと理論を持っていました。

例えば、弟子の川田利明が相手の顔面をガンガン蹴ったりする時がありましたが、そういう技はヒールのやることだって凄く嫌っていました。馬場は相手を起こす時も髪の毛を絶対に掴みません。だから、全日本の選手は基本的に髪の毛を引っ張らないし、ちゃんと首を持って起こしますね。それはたぶん、バディ・ロジャースとかアメリカのレスラーに学んだことだと思います。あとは試合中にタイツを直す人がいますけど、あれも馬場的にはカッコ悪いからダメなんですよ。だからタッグマッチの時は、後ろでパートナーに直してもらっていましたね。

二宮　なるほど。全部見られていることを意識して、細かい所作を大事にするわけですね。

小佐野　そうです。だからきれいに見えるプロレスを標榜し、不細工なプロレスを凄く嫌がっていました。アメリカで強さというの面ではビル・ミラーからいろいろ教わったと思いますが、そういう所作はおそらくバディ・ロジャースからですね。

　例えば「時間切れ引き分けになりそうだったら、最後は自分が攻めて終わりなさい。そうしたら勝ったように見える」とか、あるいは「相手が動くのを待て。そうすると動かない方が格上に見える」とか、ロジャースにはいろいろ教わったようです。

二宮　動かない方が格上に見えるという話は、鶴田から聞いたことがあります。「自分を真ん中に置いておけば、その周囲を回る方が弱く見えるんだ」と。ルー・テーズもそうだったと言っていました。

小佐野　テーズにしてもロジャースにしても、昔のレスラーはそうだったんでしょう。

二宮　昔のレスラーのプロレス美学なんでしょうね。特に馬場のように２ｍ９㎝もある人は、グルグルと回るのではなく、真ん中にドンと構えていないといけませんよね。

小佐野　それでたまに動けば、動かない時間が長い分、「馬場、速いな」と思われますからね。

全日本流ロープワークの流儀

二宮　馬場はロープワークもうまかった。相手を飛ばす。自分が飛ぶ。一連の流れに無理と無駄がないんです。

小佐野　プロレスはロープの使い方次第で、ダイナミックに見えるんですよ。猪木もそれは同じで、コブラツイストをやる時には必ずロープに飛ばして、跳ね返ってきたところで仕掛けていたじゃないですか。

二宮　そして猪木にコブラツイストをかけられた相手は、頑張ってロープににじり寄っていくんだけど結局届かずにギブアップというパターンが多かった。そこでもロープを使った緊張感をもたらせるわけですよね。

小佐野　ロープワークにこれといった正解はないんですけど、本当にベーシックな昔からのロープワークというのは全日本系、そしてノア系に伝わっていったんです。全日本系は凄く細かく教えますからね。

人によって違いますけど、まずロープ間は3歩から3歩半で走る。それからロープの当たり方、掴み方。脇でトップロープを挟んで止まって、ロープの2段目と3段目に足のどことどこを当てて、どっちの足から踏み出すとスピードが落ちないかっていうことまで、細かく教えるんです。あれにはビックリしました。

ロープ間の基本は3歩だったと思います。当たり方にしても、今の人は平気で両腕を広げて、背中で当たるんですけど、それは絶対禁止でした。というのは、ロープが切れた場合、背中で当たると後ろが見えていないから、リング下に頭から落ちてしまうからなんです。

みんな最初は当たると痛いから、思いっきりロープに走るのが怖いらしいんですよ。馬場は「自分でロープに走れるようになったら一流。走らされているうちはまだダメだ」と言っていました。

二宮　奥が深いな。考えてみたら、プロレスラーにはレスリング上がり、柔道上がり、相撲上がりがいますけど、ロープを使ったことがある人は誰もいません。ボクシングもリングを使いますが、ロープに飛んだりはしませんから、ロープワークというのはプロレス独自のものです。

今ではあり得ない、アンドレの「ロープ磔」シーン

小佐野　ロープの基本的な走り方が決まっているということは、走る方向も決まるということです。例えばタックルをしたら、ロープワークのセオリーからしたら、基本は右に走る。その時、倒された相手は距離を取るために右肘を支点して起きる。ところがヨーロッパでは相手との距離を縮めるために左肘を支点にして起きるんです。

アメリカは大きな技をかけるから、そのためにはスペースが必要なので、相手と距離が取れる方向に起きるけど、ヨーロッパは密着のレスリングですから、相手をすぐ掴めるように、より相手に近い方向に起きる。ＳＷＳができた時、カブキは若手に全日本流のアメリカ式を教え、ヨーロッパが長かった国際プロレス出身の鶴見五郎はヨーロッパ式を教えたから、若手たちは困ったようです。

二宮　鶴見さんはヨーロッパ育ちですからね。日本のプロレスはだいたいアメリカ流ですよね。猪木はどうだったんでしょう。

小佐野　猪木はもともとはアメリカンスタイルのはずですが、両方できました。

二宮　なるほど。でも、例えば新日本ではピート・ロバーツやコーリン・ジョンソンなどヨーロッパの選手を結構使っていました。あれはちょっと技が軽く見えるんですけど、逆に基本ができていてしっかりしたレスリングをする。彼らと木戸修との試合なんかは、前座の華でしたよね。

小佐野　あの当時の藤波や木戸はまずヨーロッパに行かされて、それからカール・ゴッチのところへ行く。彼らは日プロ出身なので、基本はアメリカンプロレスですけど、ヨーロッパの技術も学んで両方できるようになるんです。藤波の場合はメキシコにも行っていたので、メキシカンスタイルもミックスされていましたね。

二宮　ドラゴン・ロケットはそういうところから出てきたわけですね。

小佐野　天龍は藤波と試合をして「チャボ・ゲレロみたいだな」と言っていました。チャボ・ゲレロはメキシカンなんですけど、アメリカでプロレスを覚えているので基本はアメリカンプロレスだけど、ステップがメキシカン流だったりした。藤波はそういうエッセンスも入れていたので、ちょっとスタイルが独特でしたね。

二宮　キャリアの履歴がそのままプロレスのスタイルに反映されて、独自の味わいが出てくるわけですね。

小佐野　それは言えますね。ただ、馬場も猪木ももともとは日プロだし、アメリカに修行に行ったのも同じ。若い時に教わったことの根っこは一緒ですからね。ただ、力道山の頃のプロレスはロープをさほど使っていなかったですね。

二宮　私が子どもの頃には東西南北、十字を切るようにロープに走るレスラーもいました。あれがロープワークの基本なんでしょうね。ところで、ロープワークが盛んになり始めたのはいつ頃からなんでしょうか。

小佐野　どうなんでしょうね。言えるのは、ロープの質が良くない時代には使えなかったはずですから、ロープがいつ良くなっていったのかですね。ロープと言えば、昔、アンドレ・ザ・ジャイアントがロープに挟まっていたじゃないですか。普通に考えたら、今、あんなことをやったら腕が折れちゃうと思うんですよ。今のリングであれは無理です。あれを憶えているレスラーたちも、今はできないと言っています。

二宮　アンドレは両腕が絡んだような状態になってもがいていました。今はああいうシーンが少ないのは、ロープの張りがタイトになっているんでしょうか。

小佐野　僕も昔のリングは知らないし、あの当時なぜ、あれができたのかも謎ですね。

二宮　でもあれは、キリストが十字架に磔（はりつけ）にされているようなイメージがありました。

今では考えられないアンドレ・ザ・ジャイアントのロープ磔シーン（1985年6月11日　東京体育館）

聞いたことはありませんが、アンドレも自分でそれをイメージしてやっていたんじゃないかと、私は推測しています。

小佐野　なるほど。でも、いくらアンドレの体が重いといっても、そもそもよほど腕が長くなければできませんし、ああいうふうにロープを自力で絡めるのは難しいと思うんですよ。

二宮　何かコツがあったんでしょうね。あのシーンは何度も見ましたがキリスト風に言えば〝受難者〟のイメージでした。

国民的技だった猪木の「コブラツイスト」

小佐野　猪木の話に戻りますが、プロレス入りしたばかりの若手の頃は「ネックブリーカー」をフィニッシュに使っていたようなんですが、それは見たかったですね。でも、あんな地味な技はアメリカから帰ってきてから一度もやってないと思います。

二宮　ネックブリーカーは豊登がやっていました。豊登はベアハッグとネックブリーカーしかない印象でした。相手の首に腕を回して回転しながら相手をマットに叩きつけるわけですが、あれをロープ際でやって空振りして、自分の頭から落ちることもありました。

小佐野　自爆みたいになったんですね。僕は子供すぎて豊登の試合はあまり憶えていませんが、猪木は豊登に可愛がられていたようですから、ネックブリーカーはその影響なのかもしれません。でも凄く地味な技ですから、アメリカから帰ってきた猪木が必殺技にしたのは「コブラツイスト」と「アントニオ・ドライバー」ですよね。

これらは東京プロレスの時に使い始めたんですけど、猪木に「アメリカでも使ってい

猪木の代名詞にして国民的技だったコブラツイスト（1970年5月29日のクリス・マルコフ戦　日大講堂）

たんですか？」と聞いたら「使ってない」と。それで調べてみたら、62年の『第4回ワールドリーグ戦』に参戦したディック・ハットンがコブラツイストを使っていました。アントニオ・ドライバーは「フロント・ネックチャンスリー・ドロップ」のことですけど、これは63年の『第5回ワールドリーグ戦』に来たサンダー・ザボーが使っているんですよ。若手だった猪木はそれらを見て「この技はいずれ……」と思ったのかもしれません。

二宮　猪木の代名詞と言えば、何と言ってもコブラツイストですよね。昭和世代の男なら誰もが真似できる国民的なプロレス技と言っていい。

馬場への意趣返しだった猪木の「卍固め」

小佐野　猪木から聞いた話で興味深かったのは「人の得意技を使わないのが昔のルールだったのに、馬場さんがコブラツイストを使ったから自分は卍固めを使い始めた」ということでした。それで調べてみたんですけど、馬場がコブラツイストを使ったのは、68年12月6日の蔵前国技館、ジン・キニスキーとインターナショナルヘビー級王座の防衛戦をした時なんです。試合の3本目で馬場がコブラツイストをかけるんですけど、ギブアップしたくないキニスキーが、レフェリーの沖識名の襟首を掴んで振り回し、反則負けになった。ギブアップするより反則負けを選んだ試合ですね。

そして、その試合から1週間後の12月13日、猪木は卍固めを初公開しているんです。しかもそれは馬場&猪木組の試合で、相手はブルート・バーナード&ロニー・メイン。その試合でバーナードに卍をかけているんです。たぶんゴッチ教室で習って、卍固めを密かに温めていた。そして「馬場さんがコブラをやるんなら、新しい技を出すぞ」というところで出したと思うんです。馬場がコブラを使った1週間後の、それも馬場と組んだ試合で使っているんですから、よほど腹が立ったんだろうと思います。

二宮　ただ、馬場のあの体でやると、コブラツイストもよりダイナミックになり、猪木とは違う味わいになりますね。

小佐野　ジャイアントコブラですからね。さっき馬場の耳そぎチョップの話が出ましたけど、実はアメリカから帰ってきた当時の猪木はジャンピングチョップを使っていましたけど、馬場は同じ技はできないし、似合わない。そこで、猪木が新しいチョップをやるんならと、自分も耳そぎチョップや脳天唐竹割りという、違うパターンのチョップを

「アントニオ・スペシャル」と言われた猪木の卍固め（1973年10月12日のビクター・リベラ戦　横浜文化体育館）

考えたんじゃないかなと思いますね。

二宮　一方で猪木は、馬場の16文キックには対抗できないから、フロントキックはやらなかったですよね。猪木のキックと言えば、ドロップキックや後のアリキック、あるいは延髄斬りといった飛び道具的なキックが多かった。

小佐野　当時の猪木は馬場と同じ土俵には立たなかったですよね。「ガチでやれば俺のほうが強いけど、〝ジャイアント馬場〟という確立されたキャラクターには勝てない」という思いがあったと言っていました。

ライバル不在が響いた坂口征二

二宮　やはり馬場・猪木は両極にいたということでしょうね。そうなると日プロ時代の坂口の立ち位置は大変だったでしょうね。坂口はマスクもいいしガタイもデカい。でも、馬場よりデカいわけではない。

小佐野　そして、猪木ほど俊敏でもないですからね。

二宮　柔道殺法を一つの売りにはしていましたが、やはり柔道技はプロレスのリングでは地味に見えて、なかなかウケません。大木の頭突きのように、見ていて痛みが伝わりやすい技があったわけでもない。

小佐野　坂口はあの時代の日プロで馬場・猪木に次ぐナンバー3でしたけど、実力的にはかなり強かったと思うんですよ。

二宮　柔道の日本チャンピオンですから力はあったはずです。それだけに馬場と猪木のようなライバル関係が成立する誰かがいたら違っていたと思うんですよ。相撲の大鵬・柏戸、野球のONを見ても、時代を築くにはやっぱりライバルが必要です。坂口にはこれといったライバルがいなかった。

小佐野　これも歴史のイフになってしまいますが、もし坂口が新日本に行かなければ、猪木のライバルでいられた可能性はあったんです。猪木が新日本を作る時、「馬場は3分で片付けてやる。坂口なんか片手で3分だ」と挑発し、無反応だった馬場に対し坂口はまだ血気盛んだったから「やれるもんならやってみろ！」と舌戦になった。坂口と猪木は年齢も1つしか違わなかったし、その時点ではライバル視もされていたんです。ただ新日本に合流した坂口は一歩下がってしまった。猪木とウィレム・ルスカの異種格闘技戦の時がそうでした。

坂口の話によれば「初めはルスカとやるのは自分っていう話もあったんです。柔道同士ですからね。でも新間さんのほうから、ここは猪木に譲ってほしいと言われた時に、確かに猪木さんのほうが話題性もあるし、ここは自分が一歩引くところだなと思った」ということだったようです。新日本に合流する時は猪木と対等という条件だったけど、団体を盛り上げていくことを考えると、そこから坂口は猪木を立てていくことを自覚し始めたというんです。

二宮　かつては力道山と木村政彦というのもありましたし、やはり坂口は柔道界を背負った期待の星でしたからね。しかし考えてみれば、柔道出身者で日本のプロレス界でエースになった人はいませんね。やはり本質的な部分で柔道は武道ですから、遺伝子レベルでショーマンシップを好まないのかな。

小佐野　武藤敬司が柔道出身でしたけど、柔道色は消していましたからね。

二宮　それに武藤は柔道のチャンピオンではなかった。木村政彦も坂口も柔道日本一でしょう。プロレスで何かを成し遂げたいという意識は薄かったでしょう。

小佐野　柔道着を着てこその柔道というのがありますね。柔道日本一だった小川直也が後にプロレスラーになりましたけど、最初は猪木と佐山聡が裸で掛ける関節技を二人で教えたんですよ。柔道にも関節技はありますが、あれは道着を着ていないと極まらないものですからね。

第六章

馬場&猪木のベストバウト

——本当の名勝負はこの試合だ！

蘇ったジャイアント馬場――ハンセン引き抜き後の初戦

二宮　さて、馬場と猪木の名勝負の話に移りたいのですが、馬場の名勝負、小佐野さんは何でしょう？

小佐野　馬場の全盛期はやはり日プロ時代だと思うんですけど、僕は年齢的に子供すぎて、インターナショナルのチャンピオン時代の馬場の試合で名勝負が思い浮かばないんですよ。フリッツ・フォン・エリックとの試合も憶えているし、ジン・キニスキーにインター王座を獲られた70年12月3日の試合も憶えてはいます。ただ、馬場がキニスキーのバックドロップで一回転して負けたシーンしか憶えてないから、それを名勝負と言っていいかどうかはわからないですね。

二宮　一連のインターの防衛戦ですね。エリック、ボボ・ブラジル、ディック・ザ・ブルーザーとかありましたね。私も子供でしたから、あの大会のあの試合というよりも一連のシリーズの記憶としてあります。ただ、エリックにこめかみをアイアン・クローで掴まれるかどうかのせめぎ合いから最後は掴まれて血まみれになり、足をバタバタさせ

ジャイアント馬場が蘇ったスタン・ハンセンとの名勝負（1982年2月4日　東京体育館）

ていた馬場の姿は鮮明に憶えています。エリックとの試合もどの一戦というより、一連の記憶として残っていますね。全日本を立ち上げてからの名勝負というと、何になりますか?

小佐野　スタン・ハンセンが全日本にやって来て馬場とやった最初の一戦ですね。82年の2月4日、東京体育館での試合ですが、この試合は「ジャイアント馬場復活」ということで、僕の中の馬場のベストバウトのトップ3に入ります。後はハーリー・レイスとの一連の試合も名勝負でしたけど、馬場の名勝負で憶えている人が多い試合となると、やはりハンセン戦になりますね。

結果はレフェリーのジョー樋口が場外で伸びてしまい、両者反則引き分けだったんですが、この試合の馬場は最初から目の色が違ったというか、気迫に溢れた表情をしていました。16文キックも脳天唐竹割りも冴えて、これぞプロレスという感じがありました。

二宮　前年(81年)に全日本の旗揚げから参加し、ファンクスとの抗争で大いに盛り上げたブッチャーが新日本に引き抜かれた。そして、報復を宣言した全日本がハンセンを新日本から引き抜き、これが馬場との初戦だったわけですね。

小佐野　新日本はブッチャーだけでなく、タイガー戸口も引き抜いたんですね。それで馬場はすぐに新日本でやっていたシンと交渉し合意を取り付け、その後ファンクスの紹介でハンセンと話をして合意したんです。そして81年12月13日、全日本の『世界最強タッグ決定リーグ戦』に突然ハンセンが乱入し、テリーにウエスタン・ラリアットを食らわせ、馬場とも乱闘を繰り広げるなどして、全日本入りを既成事実化してしまったんです。

二宮　馬場の策士としての面目躍如の一件でしたね。新日本の新聞さんも猪木もさすがに、ハンセンとシンを一気に引き抜かれるとは思っていなかったのでは？

小佐野　プロレスファンも、まさかハンセンが……という感じで、これで全日本は一気に活気づきましたよね。そして、馬場とハンセンの名勝負があったわけです。結果的にハンセン引き抜きで馬場が蘇った一戦でした。

時代を変えた「ドリーVS猪木」の名勝負

二宮　猪木の名勝負と言えば、最初は第二章でふれた東京プロレス旗揚げでのバレンタイン戦ということになりますが、これはテレビ中継がなく、動画も残っていませんから小佐野さんも私も語ることができません。この試合を見た人は会場に足を運んだ人だけですが、「あれが猪木のベストバウト」と言っている人が多いのは事実ですね。

小佐野　そうですね、猪木の名勝負と言えば、あれこれ思い浮かべるプロレスファンは多いと思いますが、あの試合だけは東プロの旗揚げ戦でテレビが入らないという状況、そして試合内容といい、他のどれとも違う特殊な名勝負なんだと思います。

では日本プロレス時代はどうかと言えば、当時の実況アナに「若獅子」と言われていた猪木ですが、あの時代の試合を僕はあまり鮮明には憶えていない。当時の馬場の試合をあまり憶えていないのと同じで、自分が子供すぎたんですね。ただ、僕の中では70年8月2日、福岡スポーツセンターでやったドリー・ファンク・ジュニアとの2回目のNWA世界王座戦は今見ても、プロレスとして素晴らしいと思います。

二宮　1－1でお互いにとって、最後は時間切れ引き分けになった試合ですね。

小佐野　そうです。ドリーとの1回目は69年12月2日に大阪府立体育会館でやった試合で、こちらの初対決を名勝負として挙げる人も多いです。60分フルタイムやって、両者0－0のノーフォールという試合ですね。猪木自身も名勝負として挙げることが多い試合でした。ただ、この1回目は初対決だし二人とも動きが固いんですよ。それに猪木もドリーのリードに任せて、60分ついていった感じがするんです。それに対して、翌年の福岡での試合は対等にやり合った試合で、お互いに1本ずつ取るんですね。1本目をドリーがダブルアーム・スープレックスで取り、2本目を猪木がジャーマン・スープレックスで取っている。あれは今見ても名勝負だと思います。

二宮　猪木とドリーは手が合うというか、それまでの馬場対エリックとか馬場対キニスキー、馬場対ブラジルが剛速球の投げ合いなら、変化球が混じる。高度に洗練された試合で、モダンな感じがしました。

小佐野　そうなんです。言ってみれば馬場の当時の試合は、テクニック云々の試合ではないんですよ。

二宮　それまでの馬場の一連の試合が剛と剛の対決だったとすれば、猪木とドリーの試合は柔と柔ですよね。そっちがこうくるなら、こっちはこうだ、という感じで、二人で高め合っていましたね。

小佐野　そうです。ＮＷＡの世界チャンピオンがキニスキーからドリーに変わった時点で、新しいテクニシャンの時代、剛から柔の時代に入ったということなんです。たぶん、多くの人が見たのは2回目なんですよ。1回目の試合を放送したのは大晦日で、リアルタイムで視聴した人は少ないんじゃないかなと思いますね。

二宮　大晦日は紅白歌合戦を見るのが当たり前の時代ですからね。確かにドリーが登場するまではＮＷＡもずっと剛で来ていた。アメリカでキニスキーからドリーの時代に変わったのと同時期に、日本でも馬場から猪木へと時代が変わり始める予兆みたいなものを感じた試合でしたね。

小佐野　ドリーはその当時まだキャリアが6年で、年齢も28歳でした。20代の世界チャンピオンだったんです。猪木もまだ26歳で年齢が近かったことも大きいですね。

二宮　ドリーは猪木と体型的にも近く、オールラウンドで闘えた。ショーマンシップとはまた別のアメリカンプロレスの基本がちゃんとできている感じがありましたよね。

ドリーとは合わなかった馬場

小佐野　ドリーは日本に来るまでアントニオ猪木の顔も知らなかったそうです。でも日本に来て初めて会って、いきなりリングに上がったのに60分やれたと語っていましたね。

二宮　よほど手が合ったんでしょうね。馬場はエリックやキニスキー、ブラジルといった名だたるチャンピオンたちとやっていますけど、ドリーとは手が合わなかったですね。2m9cmの馬場と190cmのドリーと言っていましたけど、実際は185cmぐらいのドリーとは合わないでしょう。タイプが合わないという意味でのミスマッチですよね。

小佐野　猪木がドリーと福岡でやる数日前の70年7月30日、馬場もドリーとの2回目を大阪府立体育会館でやっているんですよ。この試合も馬場は60分もたず、決勝の3本目が両者リングアウト（トータルタイム52分35秒）でした。

馬場はそのまま風呂場に直行して、みんなに水をぶっかけてもらったんですけど、熱中症みたいになっていたそうです。「あの時は本当に頭の中で、お母さん助けてって言った」と馬場が言っていましたからね（笑）。あの頃の大阪府立体育会館は冷房もなかったし、テレビ用のライトも強烈で、リング上は40度超えぐらいになっちゃうらしいんです。

二宮　馬場は基本的に離れて闘うタイプですよね。その馬場が密着ファイトが得意なドリーに密着されて体力を削られた面もあるでしょうね。それにしても、馬場とドリーの試合を名勝負と言っていいものか。記憶にないです。ドリーのスピニング・トーホールドも馬場の足にはうまく絡みつかないし、足腰の強い馬場にドーンと跳ね返されて、ドリーが吹っ飛んでしまうシーンは憶えていますが……。

小佐野　要はドリーとは体のサイズが合わない。ハーリー・レイスみたいに受身が上手くて、それを見せ場とする人だったら合うんですよ。

二宮　レイスはNWAのチャンピオンになる前のほうが私は好きでしたね。

小佐野　僕は違いますね。僕はチャンピオンになってからの馬場との試合が好きだったな。チャンピオンになる前は小悪党っぽい感じがあったけど、チャンピオンになってからはゆったりファイトをするようになりました。あのほうが馬場とリズムが合っていて僕は好きでした。あの時期のNWAはドリーとレイスとジャック・ブリスコの3人がNWAの伝統スタイルというか、基本に忠実なプロレスをしていましたよ。

二宮　確かにその中で馬場に一番合っていたのはレイスですね。あのリズムは馬場とやっているうちに覚えたんじゃないですか。私はやんちゃな頃のレイスのほうが好きだったけど（笑）。

小佐野　ブリスコも小さくて動きも速かったので、そうなると馬場とはあまり合わない。ディック・マードックになるとムラっ気があって、やる気がない時は本当に手を抜きますからね（笑）。

二宮　マードックになると、欲がなさすぎるというか、適当すぎるんですよね（笑）。

小佐野　そう、適当なんですよ。でもマードックは猪木とだったら不思議と合うんですよ。

猪木のベストバウトはどの試合？

小佐野　しかし、猪木の名勝負というとマードックではなく、やはりストロング小林戦、大木金太郎戦、タイガー・ジェット・シン戦もあれば、ウィレム・ルスカ戦もあります。異種格闘技戦だったら、僕はモンスターマンとの試合が好きですね。

二宮　バレンタイン戦は特別枠としても、他にも猪木の場合、名勝負はたくさん浮かびますね。

小佐野　猪木の試合だと二宮さんは何が好きですか？

二宮　あの人が凄いのはドリー戦のようにテクニシャンとしての試合、シンとの闘いのようなラフファイト、つまりはケンカみたいな試合もあるじゃないですか。それともう一つ、異種格闘技戦と、三つの顔があると思うんですよね。

その中でも私は何と言っても猪木VSアリ戦が一番ですね。前の本でも述べましたが、あれを凡戦と言うのは絶対に違います。完全な真剣勝負だからこそああなったわけで、あれだけの緊張感のある試合は他にはないです。ただ、あれは異種格闘技戦の中でも異質な試合でしたから、ケンカファイトの〝キラー猪木〟の試合で言うなら、やっぱり大木金太郎戦（74年10月10日、蔵前国技館。NWF世界ヘビー級選手権試合）ですよ。

小佐野　一致しました。僕も一番好きな試合は大木戦なんですよ。大木は日プロの乗っ取り事件の際は途中まで関与していなかったのに、馬場に代わって選手会長になったとたん猪木追放を決めてしまった人ですから、猪木とは因縁があった。それが猪木とやるというので話題になりましたね。

二宮　ガウンを脱ぐ前の大木を猪木がいきなり一発殴るという意表を突いたオープニングでした。不細工な大木を生かすにはあれしかないと、考えに考え抜かれた策だったと思います。

小佐野　あれで試合が決まっちゃったようなものですからね。

二宮　あの時の大木は年齢も45歳でブランクもあって、長い試合はおそらくできないと踏んだんでしょう。それならと猪木がいきなり仕掛けていったわけですね。逆にヘッドバットを誘って受けるだけ受けましたけど、短期決戦での決着なら、あの展開しかなかった。

小佐野　最後は猪木がパンチ一発から形勢逆転して、バックドロップを決めて終わりという試合でしたね。

小林戦のリアリティとロビンソン戦の嫌味

二宮　大木との試合はケンカファイトでしたけど、芸術的な試合でもありました。他にテクニシャンとしてならドリーとの試合だろうし、ストロング小林戦はケンカとレスリングが半々という感じがしました。小林戦の猪木の最後のジャーマン・スープレックスは、猪木の足が浮いたところが凄いと以前も述べました。小林とは初めての手合わせだったし、結構タフな相手でしたけど、それでもあのリアリティとクオリティですよ。やっぱり猪木は凄いなと思いましたね。

小佐野　あの時も途中でパンチを一発入れていますね。あれで小林がパタンと倒れて、起き上がれなくなってしまった。ああいうところで一発かますのが猪木ですよね。

二宮　小林に対するメッセージなんでしょうね。遠慮するなと。本当に相手の能力を引き出すのがうまい。テクニック戦で選ぶなら、ビル・ロビンソンとの試合を挙げる人もいますけど、みずみずしさという点なら私はやっぱりドリー戦かな。

小佐野　ロビンソン戦は75年12月11日、蔵前国技館でやった試合ですね。猪木自身もロビンソン戦は好きじゃなかったんですよ。結局、あれはロビンソンの試合ですからね。

二宮　猪木はケンカをやって良し、テクニック戦も良しと、手札をいくつも持っていました。でも、ロビンソンはイギリス人の高慢さみたいなものがあって、猪木の技に対して、「あっ、お前はその程度?」みたいなところがありました。要するに鼻につく。

小佐野　そう、自分をひけらかすんですよ。「猪木、これは返せるか?」みたいな感じで仕掛けていって、それを猪木が返すと「じゃあ、これはどうだ?」みたいな展開じゃないですか。しかもロビンソンって、やられる時はわざとらしくやられるんですよ。いかにも「掛けさせてあげてますよ」みたいな態度を取るんです。

二宮　もの凄くレベルの高いレスラーであることは、よくわかるんですよ。ガチンコにも強いところがある。そういうスノビズムが好きという人もいましたけど(笑)。しかし、強さやテクニックをひけらかすところはアマチュアっぽい。最後の最後に卍固めを猪木が掛けた時も「はいどうぞ、掛かってあげますよ。これで1本取ったら満足？」みたいな嫌味ったらしい試合でしたね。

本物のケンカファイト――幻のバレンタイン戦

二宮 それにしても残念なのは、東プロのジョニー・バレンタイン戦を見ていないことです。あれがたぶん、本当のケンカファイトだと思うんです。今なら誰かがスマホで撮ってSNSにアップするんでしょうが、とにもかくにも映像が残っていないというのが残念です。ちなみにあの試合、どのくらい記者は行っているんですか？

小佐野 いや、同時に日プロも試合があったのでそっちへ行った人が多くて、東プロのほうにはあまり行ってないと思うんですよ。だから、当時の記事を読んでも何だかさっぱりわからない。とにかく凄い殴り合いをやっていたというのが新鮮だったみたいですね。

二宮 エルボーを飛ばして殴り合うみたいな展開だったんですよね。

小佐野 そしてコブラツイストが出て、場外でアントニオ・ドライバーが爆発してとか、そんな感じですね。バレンタインは〝金髪の妖鬼〟と呼ばれたあの髪だから、血が出ると映えるんですよ。それと、やられているうちに色白の肌が真っ赤に紅潮していくので、生で見た人は凄いなって思うんじゃないですか。白黒写真だとそのへんがよくわからないですからね。

二宮　そういう意味でも本当に幻の試合ですよ。ではクリス・マルコフ戦はどうですか。

小佐野　猪木が初優勝した、69年の『第11回ワールドリーグ戦』の決勝ですね。あの試合も僕は子供すぎて最後の卍固めぐらいしか憶えていません。マルコフ自体が知られていませんでしたし、みんな「誰？」って思って見ていたでしょうね。

二宮　私はあれもドリー戦のように、ちょっと新しい時代が来たなと思った試合だったんですよ。『ワールドリーグ戦』の決勝戦が、ヘビー級はヘビー級なんだけど、どちらも大型の豪速球投手ではないですからね。

小佐野　マルコフは基本、殴る蹴るみたいな選手で、必殺技を持っていなかった。だから、後に新日本に来た時もいい試合はできなかったんです。71年8月1日には馬場のインター王座に挑戦したんですが、ストレート負けで見せ場もなかったような気がします。本当に殴る蹴るだけのラフファイターだから、そういう選手といい試合をするのは結構大変ですよね。でも面白いことに猪木は、そういう技を使わない選手とも意外に名勝負をやるんです。例えば、シンだってコブラクロー以外は殴る蹴るだけだし、受身も下手クソでしたが、名勝負と言われる試合をしています。「俺はホウキとも試合ができるよ」と猪木は言っていましたね。

猪木の悪魔性――シンの腕折りとエリックの爪潰し

二宮　大木戦の時もそうですね。猪木は引き出しがたくさんあるから、不器用なレスラーへの対処法もしっかりと持っている。それと、シンが猪木に腕折りを食らった試合がありましたね。

小佐野　あれは74年6月26日です。試合内容自体は大したものではなかったけど、あの腕折りはインパクトがありました。あれには伏線があって、約1週間前の6月20日に蔵前国技館でも試合をして、シンの火炎攻撃で猪木は目を負傷してしまうんですよ。腕折りはそれへの返しでやったんです。

二宮　エリックとやった時は、あの爪を踏み潰していたでしょう。馬場とのタッグでやったのか、シングルだったのか定かではありませんが、断片的に覚えていますね。

小佐野　猪木は71年9月6日に札幌中島体育センターでUNのタイトルマッチをエリックとやっています。その時、1本目は猪木がエリックのストマッククローでギブアップしたんですよ。「顔面じゃないんだ」と思ったので印象に残っています。2本目は猪木が開始1分で、アイアンクローをかわしてバックドロップで取っている。3本目はケンカファイトになって両者リングアウト。この試合の最後の5分で、エリックは手をやっちゃっていますね。

二宮　その試合ですね。「もうエリックは二度と鉄の爪を使えません！」という実況が耳に残っています。あれは私の記憶の中で、猪木の悪魔性みたいなものを初めて垣間見た瞬間だったんですが、しばらく忘れていました。シンとやった腕折りの試合で、その記憶が蘇ってきたんです。今思えば、馬場は鉄の爪を踏み潰したりしなかった。

小佐野　深読みすると、馬場のエリック戦は必ずアイアンクローで試合が決まるんですよ。ということは、猪木はアイアンクローで決まるのが嫌だったんだと考えられます。

二宮　二番煎じになりますからね。

小佐野　猪木は馬場のエリック戦とはまるっきり違う試合にしたかったのかもしれない

ですね。それに猪木はストンピングがうまかったですから。

二宮　確かにうまかったですね。猪木は、ここぞというところで蹴り技を持ち出す。あのアリキックにしてもそうだけど、これを見せたらお客さんもビックリするはずだ、ということを思いつくセンスですよね。でも馬場は不文律を守る王道プロレスですから、そういうことはやらない。

一度だけあった馬場の腕折り

小佐野　そう言えば馬場も一度、上田馬之助に対し腕折りを後楽園でやっています。83年3月3日の試合ですが、上田が元子さんの悪口を言ったとか言わないとかいう話があって、しかも天龍が馬場のセコンドについていたのもあって、最初から馬場はやる気だったんじゃないかという噂が当時ありました。

二宮　あの時は、馬場が上田の腕を股の間に挟んで腕折りをやりましたね。

小佐野　ジャンプして腕をガシャーンとやるアームブリーカーですね。あのシリーズ、馬場はアメリカ遠征に行っていて、最初は出ていなかった。シリーズの途中で帰ってきて、最終戦だけ上田と試合をしたんです。

二宮　上田馬之助は、道場では本当は一番強いという噂もありました。ねちっこいファイトをする人でしたけど、結局のところ強いか弱いかよくわからない人だった。晩年、日本ではシンのパートナー的存在の〝まだら狼〟としてヒールをやっていましたけど、基本的に地味なレスラーだし、名勝負とは縁遠い人でしたね。

小佐野　上田は日本人としては大きいほうだったし、セメント野郎だとか、実は強かったとか噂はいろいろありましたけど、僕は見ていて強いと感じたことがなかったですね。まだら狼になってからの彼しか見ていないのもあるかもしれないけど、アメリカから日プロに帰ってきた時も十字チョップしかなくて地味だし、道場でのスパーリングは強かったんでしょうけど、子供の僕はどこが強いんだろうって思っていました。

猪木最後の名勝負——ビックバン・ベイダー戦

小佐野　猪木の名勝負はまだまだありますが、猪木の最後の名勝負がありましたね。96年1月4日、当時は全日本の四天王プロレスが凄いと人気がありましたが、猪木は現役引退が迫ったファイナルカウントダウンの試合で「そんなもん凄くねえよ」とばかりに、ビッグバン・ベイダーの凄いジャーマン・スープレックスを食って見せちゃうわけですよ。

二宮　あれは猪木最後の壮絶な試合と言っていいでしょうね。猪木が亡くなった後に放送されているのを改めて見ましたけど、巨漢のベイダーとあそこまでやるんですからね。目を瞑ったまましばらく動かなかった猪木を見て、死んだんじゃないかと思ったファンもいたと思います。

小佐野　新日本の棚橋弘至がまだいちファンだった時代に見ていて、「感動した」って言っている試合ですからね。

二宮　あれを見てやはり猪木は受身が本当にうまいと思ったし、あの体力と精神力には本当に驚かされました。

小佐野　柔軟性が凄くてしなやかで、関節も極まらないんですよ。

二宮　猪木の関節は〝ダブルジョイント〟と言われていましたね。

小佐野　佐山聡が小川直也に技を教えて、小川が猪木にその技をかけたんですが全然極まらない。「猪木さんは特別だから、自信をなくす必要はないからね」と言われていました。

「馬場3カウント負け」の名勝負

小佐野　馬場の試合で驚いた話で言えば、昭和が終わった直後の平成元年（89年）11月29日、ＵＷＦが東京ドーム大会をやったんです。その裏では、全日本が札幌中島体育センターで『世界最強タッグ決定リーグ戦』の公式戦をやっていたんですよ。だから限られた人しか見てないんですが、その時の天龍＆ハンセンVS馬場＆ラッシャー木村という公式戦での馬場は凄かった。

最初に木村がＫＯされたので馬場は出ずっぱりでした。そして、天龍とハンセンに代わる代わるやられるんだけど、馬場も返す、返す。最後はパワーボムで天龍に3カウントを取られたんですが、後に天龍に聞くと、「あれは返せたのに返さなかったんじゃないか。たぶんＵＷＦの話題を少しでも食ってやろうという考えだったはず」と言っているんです。あの時の馬場は本当に凄かったですよ。

二宮　「馬場が3カウントで負けた」というほうがニュース価値がある、ということですね。

小佐野　あとは、馬場がジャンボ鶴田と初めて戦った仙台での試合はいい試合でしたね。あれは75年12月15日の宮城県スポーツセンターでやった『オープン選手権』の公式戦でした。最後は馬場が河津落としで勝った試合です。あの試合のジャンボは馬場にいろいろやったんですが、もうアップアップの状態だったんですよ。

二宮　憶えています。ジャンボに全部やらせた試合ですね。

小佐野　そうです。あの試合、ジャンボは馬場のボディシザース（胴締め）で苦しめられたんです。ボディシザースは馬場のスパーリング用の技らしいんですが、渕正信の話では、馬場はこの技で大木と猪木からもギブアップをとっているらしいです。ジャンボもスパーリングで馬場のボディシザースは返せなかったらしいです。そういう話を聞くと、猪木の全盛期は新日時代ですけど、やっぱり馬場の全盛期は日プロ時代なんですよ。

幻の「馬場VSカール・ゴッチ」

二宮　日プロ時代の馬場の対戦相手を見ると、例えばボボ・ブラジルはヘッドバット以前に身体能力の高さがあって、〝黒い魔神〟と呼ばれてましたけど、本当に化け物でした。

花を食べるようになってからおかしくなりましたけど、その前は凄かった。ブラジルと互角に渡り合えるアジア人はいませんでした。

小佐野 あの当時の馬場の相手は全部格上なんですよ。エリック、ブルーザー、ルー・テーズとアメリカで大先輩だった人たちですよね。同期と言えるのはせいぜいブルーノ・サンマルチノぐらいです。

二宮 ザ・デストロイヤーにしても力道山の時代から活躍していました。

小佐野 そう考えると馬場の凄さがわかるんですが、もしかしたらエリックにしてもキニスキーにしても、猪木のほうが馬場よりも先にテキサスで試合をしていると思いますが、「馬場の首を狙って日本に来た」と言っている外国人のことを、「俺はやったことがあるよ」と猪木は言えませんから。

二宮 ちなみに馬場は、カール・ゴッチと対戦したことはあるんですか？

小佐野 66年7月から8月にかけての日本プロレス『第一次サマー・シリーズ』中にタッグで2回、6人タッグで2回対戦しています。8月5日の尾張一宮体育館での馬場、吉村VSゴッチ、エル・モンゴルのタッグマッチでは、ゴッチが回転エビ固めで馬場から1本奪っています。シリーズ最終戦の8月12日の台東体育館で一騎打ちが予定されていたんですが、8月7日にゴッチが右膝の蜂窩織炎になって入院してしまい、馬場VSゴッチは幻に終わってしまいました。

その後、82年の年末の『世界最強タッグ決定リーグ戦』に、馬場はゴッチ&ロビンソン組を呼びたかったんですよ。その年の2月、馬場はジャンボと天龍を連れて、フロリダ遠征に行っています。フロリダには大仁田厚と渕がいたんですが、渕はゴッチの家で練習していたんですよ。それを知った馬場が「じゃあ、ジャンボを連れて行け」と言ったので、渕はジャンボを連れてゴッチの家に遊びに行ったんです。オリンピック選手だったジャンボにゴッチも興味を持ち、結構仲良くしていたみたいなんですよ。

当時はゴッチが新日本とうまくいっていない時期だったこともあり、その時に馬場は「ゴッチを呼べないだろうか」と考え、渕に相談したらしいんですよ。「今、自分はフリーだから、別に大丈夫だ」と一度はゴッチは了承したらしいんですが、何かあったのか、結局その話は消えてしまった。それがうまくいっていれば、ゴッチと馬場の日本での対戦が実現していたかもしれません。

二宮　実現していたら面白いことになっていましたね。しかし、ゴッチとロビンソンは仲が悪かったと言われていました。その頃は大丈夫だったんですか。

小佐野　年齢も違いますからね。藤波の話では、ゴッチの家にスープレックスの練習用の人形があって、それに「ロビンソン」と名前が付けられていたそうです（笑）。

B‐I砲の名勝負

二宮　他の馬場の試合だと、バーン・ガニア戦は良かったですね。

小佐野　81年1月18日の後楽園ホール、馬場の3000試合突破記念の試合で組まれたAWAとPWFのダブルタイトルマッチです。あの二人は合っていましたね。

二宮　あの試合は、言うなればプロレス名人戦でした。1本目をガニアが代名詞のスリーパーホールドで取りましたよね。ガニアは余計なことは一切やらないし技も少ないけど、繰り出す技の全てのレベルが高かった。

小佐野　この頃はまだ馬場も32文ロケット砲ができましたけど、ガニアもドロップキックで魅せましたね。スリーパーもグイグイ締め上げるわけではなく、スパッと決めて終わらせるのが鮮やかでした。

二宮　ガニアは「AWAの帝王」と呼ばれたプロレス界の大立物ですが、試合にも帝王感があるんですよね。

小佐野　こうやって喋っていると、馬場の名勝負も結構出てきますね。子供だった僕はＢＩ砲の試合をあまり見ていないんですが、思い出した試合があります。スパイロス・アリオン＆ミル・マスカラス組の試合は印象が強いですね。最後に猪木がマスカラスに卍固めを掛け、馬場がアリオンにコブラツイストをかけている試合です。71年3月2日のインター・タッグの防衛戦ですね。

二宮　ギリシャ出身で前評判の高かったスパイロス・アリオンでしたが、一番期待を裏切りましたね。

小佐野　あれは人気投票で選ばれたコンビでしたね。国際プロレスがやった『あなたがプロモーター』という企画で、1位がアリオン、2位がマスカラスでしたけど、日プロが妨害して日プロに登場したんです。

ＢＩ砲の試合でもう一つは、後に映像で見たブルーザーとクラッシャーとの試合が良かったです。ＢＩ砲の二人が抱き合っているシーンが凄く印象に残っていますね。

二宮　いつもトロフィーを挟んで抱き合っていましたね。ブルーザーとクラッシャーのコンビとはいつも名勝負でしたよ。

小佐野　ＢＩ砲最後のファンクスとの試合もテレビで見ているはずなんですよ。最後に馬場がテリーにダブルアーム・スープレックスで3カウントを取られ、子供心に「普通、3本目に負けるとしたら猪木なのに、今日は馬場なんだ」と思ったのを憶えています。

馬場・猪木のベストタッグ

二宮　猪木のタッグ戦で言うと、私は星野勘太郎とのコンビが好きでした。

小佐野　70年の『第1回ＮＷＡタッグ・リーグ戦』の決勝戦、ニック・ボックウィンクル&ジョニー・クインとの試合は良かったですね。子供心に憶えています。星野がメキシコから帰ってきたばかりで、フライング・ヘッドバットをやってました。星野、凄いなという印象が残った試合でした。おそらく本人にとっても生涯一の名勝負だと思います。加えるならあと、星野の試合で好きなのはマスカラスの来日第1戦。あれはメキシコを知っている星野だからこそ、マスカラスの良さを存分に引き出せた試合で、他の人では無理です。マスカラスはあれをきっかけに人気選手になっていきました。

二宮　馬場もベストタッグという意味では、吉村道明とのコンビもよかったですね。

小佐野　僕は猪木と吉村のアジアタッグ王者コンビも好きでした。いつも吉村が血だるまになって見せ場は猪木に渡し、最後に勝つというパターンでしたけど、いい試合が多かった。もっとも「組んで良かったのは吉村さん」とみんな言います。

二宮　吉村が凄いのは、馬場でも猪木でも、そして大木と組んでもハズレがない。タッグの名手、永遠のナンバー2ですよ。

小佐野　坂口にしても、アジア・タッグ王座は吉村さんとのタッグで獲りましたから。凄いのは、主役を引きたてながらも吉村の良さも出ているところ。そして、若い頃に吉村に教わり、トップに上がっていった人が多いことです。

二宮　自分の身を挺して帝王学を授けたんでしょうね。

知られざる馬場のプロレス技術

二宮　以前、蝶野正洋が私に「昔のプロレスは、本当にウルトラマンの怪獣みたいでしたね」と言ったことがあります。それはやっぱり馬場がいたから怪獣同士の対決が成り立っていたわけですし、そもそも馬場がいたから彼らを呼べたんだとも言えます。

小佐野　体が大きいと一般の人も見やすいですからね。

二宮　体が小さくてトップロープの上から首だけちょこんと出ているだけだと様にならない。もっとも、タイガーマスクがロープの上に立ったのは凄いなと思いましたけどね。『ウルトラマン』の怪獣から『ウルトラセブン』の異星人に変わったような感覚を持ちました。

小佐野　あれだけ立体的に動ければ、小さくても大丈夫なんですよ。タイガーのスタイルはメキシコのルチャ・リブレの要素が入っています。メキシコ人は小さいからああいうスタイルになるんですね。

今の新日本の選手たちは昔と比べると小さくなりましたけど、オカダ・カズチカという190㎝超えの大きいレスラーがいます。彼はウルティモ・ドラゴンの闘龍門でデビューしたんですけど、新日本に再入門して、一からやり直しているんです。そして、当時から小さい選手が多くなっていた中でオカダがドロップキックをやったら凄く目立った。その時、「このドロップキックは銭が取れるようになるんじゃないか」と僕は思ったんですよ。何年かしてオカダは、〝レインメーカー〟というニックネームでトップに立ちましたね。それで、やっぱり大きいのって大事だなと思ったんですよ。

二宮　大きいのは大事ですよ。オカダは身長も高いし、ドロップキックの打点も高い。ジャンボ鶴田の再来かと思ったぐらいです。だが馬場の大きさは彼ら以上に際立っていて、基本的に寝技は少なかった。立って動いているほうが、馬場のスケールの大きさが際立つし、テレビ映りもいいということもあったんでしょう。一方の猪木も基本的には立ち技だけど、寝技もうまかった。でも、寝技の攻防はテレビ中継ではわかりにくかった。インディアン・デスロックを多用したのは、立ち技と寝技の複合技だったからでしょう。見栄えもよかった。

小佐野　そうですね。ただ、馬場は現役晩年に悪役商会と試合をしていて、悪役商会には渕がいたので、渕とやる時は相撲の初っ切り(しょっきり)っぽくグラウンドの攻防をファンに見せていました。ドリーは「馬場は相手の足を取ってテイクダウンする技術が、ちょっと自分の持っている技術と違っていて面白い」と言っていたんです。寝技はフレッド・アトキンスに教わったのか、ビル・ミラーに教わったのかわかりませんが、時々はやっていましたね。

実は、輪島大士がプロレスに転向して日本でデビューした後の86年11月に、馬場がノースカロライナに輪島を連れて行ったんですよ。その時に、ネルソン・ロイヤルの道場で馬場が輪島に裏技をずっと教えていました。相手を動けなくする方法とか、相手がコントロールできなくなって逆らってきた時の対処の方法とか。「何も知らないと思ってナメてきたら、こうやってみな」とか言って、相手にナメられないための寝技を教えていました。馬場は人種差別が激しい時代のアメリカでやった人なので、そういうのを知っているんだって思いましたよ。

二宮　相手が汚い手を使った場合、足を踏む裏技も持っていたようですね。

小佐野　それは本当に「この野郎！」という相手に対してやることだと思います。基本的には「相手の足を踏むプロレスはダメだ。相手とダンスを踊れ」と言っていましたからね。でも、わざと踏ん張って倒れないような相手の倒し方とか、そういうことも輪島に教えていましたから、もしかすると足を踏むのもそういう技術の一つかもしれません。

二宮　テコの応用ですね。馬場の必殺技に「河津落とし」がありましたけど、足を払うのもうまかったですね。

信頼の馬場、疑心の猪木

小佐野　一方で、猪木がうまかったのは肘の使い方です。自分でも「今の選手は肘の使い方を知らない」って言っていましたけど、肘で相手の急所を押さえる技術です。

二宮　肘で相手をグリグリやっていた猪木を思い出します。

小佐野　相手の骨に自分の骨を当てて、相手が「イテテッ」となった時にひっくり返すんです。それをゴッチから教わったようなんですが、ゴッチは負けず嫌いだからスパーリングでも「そんなことまでやるの？」という汚いことまでやってきたそうです。例えば口に指を入れてきたりとか。あとは体重移動もゴッチから学んだと言っていました。ゴッチからは卍固めとかジャーマン・スープレックスというプロレス的な技も習ったけど、そういうのは見よう見まねでもできる。本当に身になったのはゴッチとのスパーリングだと言っていましたね。

二宮　猪木のプロレスには教科書で習ったというより、天才的なひらめきを感じました。長嶋茂雄さんのバッティングみたいなもので、その場の思いつき、アドリブ性がありましたよね。もちろん、しっかりした土台があってのことですが……。

小佐野　基本的にプロレスの最初はロックアップから始まりますけど、猪木はそうとは限らないというのが持論なんです。「人間がやる闘いなんだから、蹴ってくるかもしれないし、殴ってくるかもしれない。いきなり組むのはおかしい」と。だから猪木はロープのクリーンブレイクもしません。「だって何をされるかわからないから、ちゃんと防御しておかないと」と言っていましたね。

二宮　確かにロープブレイクで相手から離れる時の猪木には独特の緊張感がありました、次に指が1本触れたら何かが起きる、というような殺気。常に臨戦態勢を取っていましたよね。馬場の場合は暗黙の了解というか「卑怯なことはしないよね？」ということから始まっているので、前提が違うんですよ。

小佐野　馬場は信頼のプロレスで、レスラーはみんな仲間だという考えなんですよ。秋山準が専修大学から全日本に入ってくる時も、「レスラーはみんな仲間だから、安心して全日本に来なさい」と言ったんです。

二宮　その代わり「仲間を裏切ったり、掟を破ったりしたらタダじゃおかないよ」ということなんでしょうね。

常人には理解不能だった猪木

小佐野 猪木の場合はいかに闘いを見せるかが大事なんだから、イレギュラーなことだって起こりうるんだっていう考え方の違いがありますね。

だから藤原喜明は新日本に入門して1週間か10日でデビューしているんですよ。入門前に元レスラーの金子武雄さんのジムに通っていたので、ある程度できたんです。それですぐに藤波とデビュー戦をやって褒められた。藤波もいい試合ができた感覚があったので、その後も調子に乗ってやっていたら、何日か後の試合でいきなり猪木がリングに上がってきて、竹刀で二人ともぶっ叩かれたらしいです。あまりにも手が合いすぎて、猪木にしてみたら「そんなの闘いじゃねえ!」ということなんですよね。

二宮 なるほど、予定調和に見えてしまったということですね。

小佐野 本人たちにそういうつもりはないけど、猪木にはそう見えたんでしょう。当時の新日本の若手たちにはそういうことがよくあって、自分たちではいい試合だと思ったのに試合後に猪木にぶん殴られて怒られる。逆に「今日はダメだった」と思ったら「今日は良かったぞ」と褒められることもあり、何が良くて何が悪いかわからなかったって、みんな言いますね。

二宮　武藤も言っていましたね。「俺は猪木さんに一度も褒められたことがない。たぶん俺のことを嫌ってたんでしょうね」と。

小佐野　武藤と同期の船木誠勝が言っていました。新日本の道場で全日本の中継を見ていた武藤が「船ちゃん、俺はこっちのほうが合ってるな」と言ったそうです。武藤はたぶん馬場のプロレスのほうに魅力を感じていたんですよ。

94年5月1日に福岡ドームで猪木のファイナル・カウントダウンの最初の試合の相手をグレート・ムタ（武藤）が務めたんですよ。その試合は猪木が勝ったんだけど、凄い不機嫌だったんです。武藤に聞いたら「俺はムタだから、猪木さんの顔面を毒霧で染めた時点で、俺の勝ちだよ」と言っていたんですよ。武藤にしてみれば、あのアントニオ猪木をムタの世界に引きずり込んだと。たぶん「闘魂三銃士」の中で猪木が可愛かったのは橋本真也なんでしょうね。

二宮　わかる気がします。

小佐野　橋本は猪木信者でしたからね。猪木と小川直也がくっついて橋本が小川に『負けたら即引退！スペシャル』とか言って、最後は酷い目に遭わされましたけど、結果的にはその試合がゴールデンタイムで中継されることによって橋本真也の名前も知れ渡ったわけで、そこも猪木の発想なのかなと思います。

二宮　猪木は不器用なレスラーや荒っぽいレスラーを売り出すことにかけては天才的でした、おそらくやりにくかったのは、手の加えようのない、完成されたレスラー、それがロビンソンであり、マスカラス、ムタだったんじゃないでしょうか。

第七章

永遠の馬場・猪木

――二度と現れない両雄の本当の姿、本当の関係とは？

馬場・猪木の「あうんの呼吸」

二宮　馬場と猪木のことをいろいろ語り合ってきましたが、やはりこの二人がいてくれたからこそ、私たちを含め、あの時代を生きた人たちはプロレスに熱狂することができた。そして、多くのファンが最後まで気にしていたのが「あの二人の本当の関係はどうだったんだ?」ということ。最後に、両雄の絶妙な関係、そして、それぞれの本質について語り合ってみたいと思います。

小佐野　馬場と猪木は誰もが認める日本プロレス界の両雄で、いちプロレスラーであることを超えて、昭和という時代を作った二人であるのは間違いない。「両雄並び立たず」と言いますが、両雄並び立ったという点でも「お見事でした」としか言いようがありません。

二宮　馬場は「猪木のことは意識していなかった」と言っていました。それはその通りだとしても、馬場がいて猪木がいる、猪木がいて馬場がいる。それは間違いないと思います。馬場がそういう言い方をしたこと自体、意識していたんだという見方もできるし、そう言わざるを得ない背景もあったと思います。

小佐野　猪木の中には「自分は馬場さんを随分利用させてもらった」という意識はあったようです。結局、馬場がいたから猪木は自分の存在感を出せたし、好きなことがやれたと思っていた。馬場は決してはみ出さない人だったからこそ、その分、猪木はいくらでもはみ出せたわけですからね。

二宮　互いが互いをうまく利用し合ったし、そこは非常にプロレス的でもあった。

小佐野　そう思います。だから馬場が猪木の挑戦を受けるのか、受けないのか、ということにずっと興味を持ち続けたプロレスファンは多いけど、実はそれは二人にとっても絶妙な距離感だったんだと思います。「あれは出来レースだったんじゃないか」と言う人もいるぐらいですからね。

二宮　まさに、あうんの呼吸ですね。猪木も馬場が受けてくれるとは思っていなかっただろうし、馬場のほうも猪木がそれをわかった上で、あえて挑発してきたことも承知していたと思います。

小佐野　だから、アドリブ合戦なんですよ。「こいつ、今度はこう来たか。じゃあ、こう返すか」みたいなことの繰り返しです。79年に東スポが主催した『プロレス夢のオールスター戦』の時も揉めましたよね。この時は、新日本、全日本、国際の3団体が一堂に結集するというイベントで「ＢＩ砲復活か？」と大いに盛り上がりました。すると馬場が「クリアすべき問題がある」と言い、猪木は「いつまでそんなことを言ってんだ」と返しながらも、二人とも東スポからお金ががっぽり入ったわけです（笑）。

第2回のオールスターの話もあって、二人とも一度はお金をもらったんだけど、馬場がお金を返して中止になってしまった。猪木はお金を返すのが大変だったという話もあります。その辺も絶妙な距離感というか、裏ではガッチリ手を握り合っていても、表向きは戦争をしていましたから「やあ、猪木よく来たな」「馬場さん、お久しぶりです」というわけにはいかなかったんです。

また、大仁田厚がＮＷＡインターナショナルジュニア王座を引っ提げて、82年に帰国した時も、新日本は「そのベルトはもともとウチのベルトだったんだから、うちのタイガーマスクと勝負しろ」とか挑発したり、ということもありました。あるいは「引き抜き戦争はやめない」とか、猪木はずっと馬場にケンカを売っていたんです。裏で手を握っていても表向きはそうしないと面白くないですからね。

知られざる「BI協定」

二宮 当時、メディアの論調には「馬場は猪木に負けるのが怖くて逃げ回っているんだ」というものがあった。しかし、プロレスはそういう単純なものではない。馬場も〝奥の手〟はたくさん持っていました。

小佐野 そうですよ。先に出た74年のNWA王座奪取の一件から考えても、相当強かったと思います。強くなければああいうことにはなりませんから。

二宮 ただ、そのように見えてしまったのは、年齢差もあって馬場と猪木の全盛期がズレてしまったことにも原因があると思います。それと性格の問題。馬場は決して反骨の人ではなく、保守的な人だった。悪く言えば、既得権益を守る側の住人に、徐々に傾いていった。

いつか読んだ本の中で、馬場が当時の映画界に存在した五社協定の話をしていたのを憶えています。これは松竹、東宝、大映、新東宝、東映の5社間で監督や俳優の引き抜きを行わないという協定で、要は各社の既得権益を侵さないという取り決めでした。本の中で馬場は「あれはいい制度だ」と言っていた。確かに経営者にとってはいい制度かもしれませんが、これは明らかな談合で、業界の未来の健全な発展を阻害することは明らかです。

小佐野 それで思い出しました。実際に、馬場と猪木との間で似たようなものを作ったんですよ。これも二人が裏で手を握り合っていた一つの例になります。

81年にブッチャーやハンセンの引き抜き合戦があった話は前に出ましたが、85年、今度は新日本でやっていた長州とアニマル浜口ら維新軍の4人が全日本に移ってきます。それへの逆襲で、新日本はブロディを全日本から引き抜くんですね。そして、そのブロディがその年末に宮城県スポーツセンターで開催された『IWGPタッグ・リーグ戦』の決勝をボイコットして、パートナーだったジミー・スヌーカと一緒に東京に帰ってしまう事件があったんです。同じ日（12月12日）、全日本は『世界最強タッグ決定リーグ戦』の決勝戦を日本武道館でやっていたので、新日本としては東京に戻ったブロディが全日本のマットに乱入するんじゃないかと警戒した一件があったんです。

その時、全日本の担当だった僕は武道館にいて、馬場の様子を伺っていたんです。そうしたら「お前、ブロディが来ると思って張ってんだろ」と馬場に言われたので、「可

力道山23回忌での馬場と猪木（1985年12月15日　池上本願寺）

能性はあるかなと思って」と答えたら、馬場が言いました。「ブロディにそんな度胸はないし、俺も使う気はないから、俺を張っても意味ないよ」と。実際にその通りでした。

二宮　つまりそれは、猪木と裏で話ができていたと？

小佐野　そうです。ブロディが帰ったと知った猪木は馬場にすぐに連絡を入れて、二人で会っているんです。ちょうど長州のジャパンプロレスができて1年ぐらいで力をつけてきていた状況で、全日本との業務提携を解消し、長州が社長になったこともあって独立するんじゃないかっていう噂もあった時期で、馬場と猪木にとってはジャパンプロレスは目障りな存在だったはずです。それで馬場と猪木が会った時、この際だからちゃんと協定を作りましょうという話になったんです。

所属選手はもちろんですが、外国人選手も含めて新日本に上がる選手、全日本に上がる選手が誰なのか、お互いに弁護士立ち合いではっきり決めておきましょう、ということでした。もちろんジャパンプロレスは全日本側ということで、それもきっちり書面にした。そして、「それぞれの選手を勝手に使ってはいけません。使う場合は了承を得ないとダメです」という協定を結んだ。そうなると全日本を辞めたとしても、馬場の了承がないと新日本はその選手を使えないし、逆のケースでも同じです。ということは、不満を持った選手が両団体を辞めると、今度は働く場所がないわけです。

二宮　つまりはプロレス版の五社協定ならぬ二社協定ということですね。しかしそれは不当なカルテルに当たりますから、当時でも明らかに独禁法に引っかかるでしょう。

小佐野　だから、協定を破った場合はペナルティとしてこれだけの罰金がかかりますっていうことまで決めていましたけど、これは公にはなっていないことなんですよ。ブロディ事件と同じ時期にUWFの選手たちが新日本に上がることも決まっていたので、UWF勢はその時の協定で新日本に組み入れられました。ところがその2年後、新日本が協定を破ってしまうんですね。87年に全日本に来た長州たちジャパン勢の大半が新日本に戻ってしまうんです。そうしたことが起こった場合は、違約金として年俸の3倍の金額を払わないといけなかったはずです。

二宮　時はバブル期ですから、協定の背景にはギャラの高騰もあったと思われます。一方で経営者としては移籍のたびにギャラが跳ね上がるのを防ぎたいという思いもあったでしょうね。

小佐野　それもあったと思います。ただ、言い方は悪いですが、馬場と猪木にしてみたら「俺たち二人に逆らったら生きていけないんだよ」ということを示しておきたかったのもあったと思います。やっぱり日本のプロレスは俺たち二人で仕切らないとダメだな、というのが二人の結論だったんじゃないでしょうか。坂口さんに聞いた話では、新日本の契約書が整備されたのはSWSの立ち上げに伴う離脱問題があった時だそうですから、平成に入ってからの話になりますね。それまでは紙切れにチャチャッと書いて「お前は来年これな。サインしとけ」みたいなやり方だった。SWS問題以降は、どこに出しても恥ずかしくないちゃんとした契約書になったと言っていましたね。今のプロレス界は契約が終われば、どこへ行こうとも自由です。WWEは「辞めて3カ月間は他では仕事をしないこと」という縛りがありますが、その間のギャラは出してくれるそうです。だからみんな円満に、「契約満了につき退団いたしました。今後も何々選手にご声援をよろしくお願いします」で終わりです。

二宮　プロレスの場合、力士出身の力道山が日本での創始者ということもあり、相撲協会の封建的な制度が、そのまま持ち込まれたようなところがあります。プロレス界で使っている〝しょっぱい〟とか〝タニマチ〟という言葉も、元はと言えば相撲界の隠語ですからね。ここで重要なのは、馬場も猪木も相撲界からやって来た人間ではなかったということです。だから、大相撲の部屋制度のような因習や顔役のようなタニマチには違和感を覚えていたのではないか。特に猪木は力道山の付き人をしていた時代にそういう場面を見て学んだんでしょう。「貸し借りを作りたくないから、ヤクザとは付き合わないんだ」と私に言っていました。

小佐野　二人ともその方面の人たちとは付き合わなかったですね。猪木は本当に嫌っていたし、馬場はケガで欠場してスカしたりする。会うよりそっちのほうを取るんですよ。まあ、そういう時代だったということですね。

二宮　欠場は興行に穴を空けますから大変なことですね。そこまでしても関係を切りたかったと。逆に言えば、それだけの影響力が裏社会には、まだあったということですね。

不思議な力で実現した異種格闘技戦

二宮　昭和のプロレス界は、小佐野さんが言ったように、何だかんだ言っても馬場と猪木が対立し、また裏では手を握り、この2つの大きな極を中心に、周囲の人たちの思惑まで巻き込んで動いていきました。新聞さんなどはその典型的な人物です。新聞さんがいなかったらアントニオ猪木の魅力の最大化は図れなかったかもしれない。その中には馬場や猪木が意図しないことも起きるというのが面白いところでもありました。
猪木のモハメド・アリ戦などはその典型です。あの試合は猪木も最初からアリとできるとは思っていなかったわけですよね。でも挑戦状を出したりしているうちに周囲が動き、話が進んでいってしまった。

小佐野 「実は私、アリサイドとコネクションがあります」という人が突然現われたりしてね。アリと太いパイプを持つロナルド・ホームズという人物がいたんですが、その人と繋がっている佐藤幸一という人物が現われて、そこから実現に向け話が転がり始めたと言っていました。

二宮 あの頃、私は『ゴング』や『プロレス&ボクシング』などを熱心に読んでいましたが、裏舞台のことも結構書かれていました。プロモーターの康芳夫さんなども暗躍していたわけですよね。

小佐野 猪木の場合、そういう破天荒な企画がモノになっちゃうんですよ。初の異種格闘技戦として注目されたルスカ戦にしても偶然の産物ですからね。たまたまレスリング協会の福田富昭さんから来た話だったわけでしょう。

二宮 ルスカもカネに困っているから、何とかしてくれという話だったんでしょうか。

小佐野　猪木にしてみれば、アリとやる前にルスカとできるなら乗った、という話になりますよね。インパクトはありますよ。

二宮　ミュンヘンオリンピックで重量級と無差別級の2階級を制覇した〝赤鬼ルスカ〟ですからね。

小佐野　あそこからですよ、全日本と新日本でどんどん差がつき始めたのは。それまではちょっとプロレスをバカにしていたような人も真剣勝負が見られるとあって、猪木の注目度とステイタスは格段と上がっていきましたから。

二宮　ルスカ戦、アリ戦、それに梶原一騎さんが作った映画で〝熊殺し〟として有名になった極真空手のウィリー・ウィリアムス戦もそうだし、漫画の世界を体現してしまったタイガーマスクにも人々は熱狂した。猪木を中心に摩訶不思議な力が竜巻きのようになって多くの人を巻き込み、見たこともない世界を作っていった。飽きることのない日々を作ってくれた猪木には、本当に感謝しています。

「お前はいいよな」――馬場が猪木に言った最後の言葉

小佐野　猪木が馬場と最後に会ったのは、猪木が現役を引退して間もない1998年のことだったそうです。ホテルオークラで偶然会ったらしいんですけど、「お前はいいよなぁ」と言われたのが、馬場の最後の言葉だったそうです。「お前は好き勝手にやれていいよな」という意味なのかもしれないし、真意はわかりませんが、猪木をうらやましく思っていた部分があったんでしょう。馬場が亡くなったのはその数カ月後です。

二宮　馬場が王道プロレスをやっているからこそ、猪木は次男坊的な自由さを感じていたのかもしれません。逆に言えば、馬場がいなかったら猪木も王道プロレスをやっていたのかもしれないのだけど、こればっかりはわかりません。

小佐野　やっていたと思います。馬場がいなければ、猪木ははみ出る必要がなかったわけですから。逆に馬場がはみ出したいと思ったとしても、猪木があれだけはみ出してしまったら自分は王道で行くしかないなという考えになったでしょうしね。

二宮　馬場の場合はその身体自体が規格外、はみ出していますからね。逆に言えば、そういう人は真っ当なことをするしかない、ということかもしれません。

小佐野　馬場が日本のプロレス界に残した財産は「完全決着」です。80年代までの全日本は有名な外国人選手はみんな時間切れ引き分けとか反則決着の試合が多くて酷かったんですよ。でも、90年代に入って四天王（三沢、川田、小橋、田上）が中心になってからは、反則決着や両者リングアウトなどの不透明決着はなくなりました。全部3カウントかギブアップの決着。でも、できれば3カウントということで、三冠戦は全て3カウント決着です。

「なぜ、ああいう暗黙のルールになったんですか？」と馬場に聞いてみたんですよ。そうしたら「俺が第一線を退いたからだよ。俺がやる必要なくなったし、俺はそういうので逃げてきたから。今、俺がまだ第一線にいたらそうしてないかもしれないけど、もう今、自分はいないから」と答えてくれました。正直な答えだなと思いましたね。

二宮　困ったことに、私はあの両者リングアウトが好きでした（笑）。地方の会場で両者リングアウトを何度も見てきたので、ノスタルジーがあるんです。

小佐野　でも、昔から決着がつかないことに不満を持つプロレスファンは多かったし、今の若い人はもっとグレー決着がダメなんですよ。でも考えてみたら、初期の新日本にはタイガー・ジェット・シンがいて、いつも反則でグチャグチャになってきれいに終わる試合なんてなかったし、全日本にもブッチャーがいましたからね。

二宮　客席を暴れ回るのもファンサービスで、めったに来ない地方会場の観客にはなおさらあれがいいんですよ。

小佐野　ファンも試合に参加している気分を味わえますからね。よくあったのは、レフェリーのジョー樋口が必ずレスラーの攻撃に巻き込まれて失神するシーン(笑)。だからレスラーが樋口さんに接近すると、「近寄るな、近寄るな」と言っていました。ただ、僕はタイトルマッチが不完全燃焼になるのは嫌だったんですよ。特に全日本でのNWA世界王座戦は反則決着だとベルトが移動しないルールがありましたから。

今のプロレスは、答え合わせの「過酷なプロレス」

小佐野　ただ、樋口さんみたいな失神ならいいですけど、少し前にある若手レスラーがエルボーで場外に吹っ飛んで、起きなくなっちゃった。でも、そういう時、本当に伸びているのかどうかがわからないんですよ。だからレフェリーも対戦相手もパートナーも止めずに無理やりリングに入れて試合続行させせた。幸い一方にベテランがいて、すぐに終わらせ、結局担架で運ばれました。その時は脳震とうで大事には至らなかったのは良かったんですが、プロレスの場合、わざと寝ていて、もしかしたら起きてくると思ったら、レフェリーも簡単には試合を止められないんです。そこでスパッと判断して止められるレフェリーはなかなかいないんです。

二宮　今はスポーツ全般で脳震とうに対するルールが厳しくなりましたよね。ラグビーなどは特にそうです。

小佐野　プロレスには「ショー・マスト・ゴーオン」みたいなものがあって、とにかく試合を成立させなければという感覚が今でもあるんですよ。それで、今のレスラーのほうが事故は多いんです。昔はそんなになかったじゃないですか。

二宮　今のプロレスは技も多いし、休んでいる時間も少ないし、大変だと思います。ケガの心配もあります。

小佐野　言い方は悪いですけど、昔は今ほど一生懸命やってないですよね。

二宮　エプロンで「馬場さん、また休んでるな」とか、見ている側もそういうのを受け入れていたところがありました。プロレスに限らず、そういうところは昔の客のほうが牧歌的だった気はしますね。

小佐野　〝燃える闘魂〟の猪木にしても、現役晩年は6人タッグで流してやっている感じの時もありました。最後は延髄斬りを入れて3カウントとかね。

二宮　客は猪木のコブラツイストや卍固め、馬場の16文キックや32文ロケット砲を見にきているわけですからね。黄門様の印籠が見られればいい。それまでの展開で助さん格さんがどうしたとか、憶えていないんですよ、マニアを別とすると。

小佐野　長州のラリアットが見られれば、途中がかったるくても客も満足していました。昭和はそれでよかったんです。でも、昔は水戸黄門の印籠だった技をどんどん「ワン、ツー」で返すようになって、昔ほど強烈に見えなくなっていったんですよ。そうなると必殺技自体の説得力が薄いから、フィニッシュに持っていくまで「これでもか」と大技を連発する。昔は必殺技が一つ入れば有無を言わさず終わりですけど、今は「こういう大技の連発という布石があるから、3カウント入るんだよ」という答え合わせのプロレスなんです。

二宮　昭和プロレス派の私たちからすると〝カウント2・9〟で起き上がり、これでもかと一生懸命やっている今の選手のワークレートは、本当に驚異的だと思います。

小佐野　平成に入っていよいよプロレス団体乱立の時代に入って、ゴールデンタイムでの放送もなくなったある時期からギリギリまでやらないとお客さんが満足しない、次もまた見に来てもらわないといという危機感をレスラーたちが持つようになったんです。

全日本で言えば、昭和の終わり頃から鶴田と天龍で究極のプロレスを見せていた。平成に入って間もなく彼らがいなくなり、残った三沢たちは体も小さいし、もう身を削って見せるしかなくなったんです。「ここで3カウント取られたほうが楽なんだけど、返せるのに返さないと後で後悔しそうで。あそこは返せたのに、返しときゃよかったかな、というのが嫌なんだよね」と三沢がよく言っていました。

二宮　それはもう過激なプロレスではなく〝過酷なプロレス〟です。小佐野さんが言ったように、馬場・猪木の両巨頭がいなくなって団体が乱立する中で、過酷さのリアリティを競うようになってきた。それによって自らの首を締めていった面もあるのではないでしょうか。

小佐野　そうなると選手はそんなに潤ってないですから、腕に自信のある選手は高収入が見込めるアメリカのＷＷＥに行っちゃいますよね。

プロレスは一代限りのもの?

二宮 力道山の時代から馬場・猪木の時代を経て、それから鶴田・天龍・藤波・長州らの時代を経て、今の乱立したプロレス界があるわけですけど、馬場や猪木が生きていたら、今のプロレス界をどう思いますかね?

小佐野 どうなんでしょうね。馬場にはプロレスしかなかったですから、年をとってもプロレスに関わっていたかもしれません。馬場が生きていたら全日本が分裂することはなかったでしょうし、坂口社長が続いていたら新日本ともうまくやっていたかもしれないですね。ただ思うのは、馬場も猪木もちゃんとした後継者を作らなかった。自分一代のプロレスですよね。

二宮 力道山も後継者を作らないまま死んでしまったし、馬場と猪木もそうだし、リング上も会社も含めての後継者は、プロレスでは誰も作っていない。みんな自分一代のものなんですよね。

小佐野 プロレスの後継者作りは難しいと言えば難しいんですよ。プロレスにはちゃんとした世代交代がないですからね。

二宮　統一コミッションもないし、良くも悪くも、力のある人が自分で稼げるうちに稼ぐ世界です。力があるうちはその人についていく人がいるけれど、力がなくなったら淘汰される弱肉強食の世界ですね。

小佐野　たとえば相撲なら、世代交代を促した一番というのがありますよね。プロレスにはそれがないんです。結局、馬場も猪木も下の人間に対しきっちり負けていない。現役晩年の馬場や猪木に勝ったとしても「全盛期を過ぎた人に勝ってもね」と言われてしまえばそれまでですから。だから世代交代の区切りがないままフェードアウトして、何となく次の世代に譲り、でも、上から睨みはきかせているみたいな状態が続いてしまうんです。

二宮　そうなると、下の人間は上の人間を排除するしかなくなるということですね。既得権益を守ろうとすれば、それこそ五社協定のような発想に行き着いてしまう。さすがに今の時代、それが難しいとなれば、レスラーは早いうちに自らをブランド化し、少しでも現役を長く続けたいと思うでしょうし、引退後は自分で稼ぐ方法を探さなきゃいけない。

小佐野　武藤がまだ若い頃、「思い出と闘っても勝てねえからな」と言っていました。でも、その武藤も今年（23年）引退するまでには、すでにレジェンドと化して思い出そのものになっちゃいましたけどね。

二宮　「思い出には勝てない」とは、よく言ったものですが、結局そうなんですよ。プロレスファンは私も含めて、思い出に生きているところがありますからね。時が過ぎれば、悪い思い出もいい思い出に変わります。

小佐野　あの時のあの試合を、その時代の自分の状況と重ね合わせたりして、だから昭和プロレスの本も成立するんでしょうけど。

二宮　今回の本は「馬場と猪木」がメインテーマですけど、馬場・猪木を含めた「昭和プロレス」には根強いファンがいる。ノスタルジーという歴史的資産を今も業界全体で再配分しているような面もあります。

小佐野　ただ、今のプロレスは「技が軽い」とか「闘いがない」とか言う人がいますけど、今のレスラーが昭和プロレスの中に入ったら「凄いな、この人」って、みんな神になれると思います（笑）。

二宮　おそらくタイガーマスクみたいな衝撃で迎えられるでしょうね。

規格外の馬場、想定外の猪木

小佐野　ただ、今も馬場と猪木が生きていて、二人が裏で手を組みながら表面上は新日本と全日本をケンカさせていたら面白かっただろうなと思うんですよね。

二宮　なんか目に見えない二人のミッションみたいなのがあって、打ち合わせをしているわけじゃないけど、「馬場さんがこう来たら、自分はこうしよう」みたいな、テレパシーのようなものを感じながら、プロレス界を動かしていたかもしれないですね。

小佐野　結果的に馬場と猪木の支配体制が長く続いたから、プロレス界もなんとかもったという部分もあるし、それに反発して前田日明たちのような存在も出てきたという側面もありますからね。

二宮　プロレスには格闘技的な要素、スポーツ的要素、ショー的要素とさまざまな要素があるので、いろんな考えを持つ人が出てきても不思議ではないですね。日本のプロレスを作った元締めの力道山はそれらを全部持っていて、それを馬場と猪木が継承して昭和プロレスというジャンルを確立させた。しかし彼らがいなくなると、その弟子たちから樹形図のように、いろんなタイプに枝分かれし、マーケットを拡大していった。これも力道山の遺産なんでしょうね。

小佐野　前田たちが起こして人気を取ったＵＷＦにしても、そもそも猪木の思想から生まれたわけで、そこからＰＲＩＤＥという総合格闘技も出てきた。さらにそれを仕掛けたＤＳＥという会社が、今度は格闘技とは真逆にエンターテインメントに振り切り、ハッスルというプロレスイベントを立ち上げた。

真剣勝負を追求してきた会社だから、エンターテインメントもできますよということですよね。格闘技的なものに少々疲れたプロレスファンも「これでいいかな」みたいな流れ方をして、そこそこ人気を取った。でも、それも結局飽きられて、普通のプロレスに戻っていったというのが、今のプロレス界の現状です。

二宮　馬場にしても猪木にしても昔の映像が今は容易に見られます。猪木が亡くなった時もテレビで再放送をしていましたけど、やっぱり時代を超えて凄い。多くの試合が不朽の名作なんですよ。まるでライブで見ているような緊張感がありました。

小佐野　スポーツは何十年も経つと競技の技術レベルが明らかに違ってくる。プロレスの技術もそうなんですが、でも、僕らがプロレスで見ているのは技術ではないですからね。そこがプロレスの特異なところです。

二宮　猪木なら猪木の世界観を、私たちは追体験している。

小佐野　そう、プロレスを通して猪木を見ているんです。

二宮　馬場の場合も同様です。先述したように、2ｍを超えて軽々とドロップキックができるレスラーなんていませんよ。外国のモンスターとの激突は、まさに怪獣映画の世界。だからこそ猪木とは違った意味で、馬場の試合もまた不朽の名作です。

小佐野　馬場も猪木も規格外の人ですからね。

二宮　馬場は体が規格外だったし、猪木はそのはみ出し方が精神的に規格外というか、想定外。規格外の馬場、想定外の猪木なんです。

小佐野　時代背景もありますけど、もうああいう人たちは二度と生まれないでしょうね。これからの時代はもう無理だろうなって思います。

二宮　馬場には新潟から出てきて天下の巨人に入ったのにクビになってプロレスの門を叩くというストーリーがあった。猪木にもブラジルに移民して過酷な体験をし、そこから日本に戻ってくるというストーリーがあった。彼らの師匠である力道山も朝鮮半島からやってきて、相撲で出世できないのがわかって、自ら髷を切ってプロレスラーになっていた。こうしたナラティブこそが最大の財産であり、彼らの立身出世物語の原動力になっていた。

では、今後のプロレスはどうなるのか。昔風のナラティブが成立しなくなった今、アスリート的なレスラーが多くなってくるんじゃないでしょうか。野球の大谷翔平、サッカーの三笘薫、ボクシングの井上尚弥……。プロレス界にも世界中の誰もが知る、強くて愛される、そして馬場と猪木を超えられるようなスターの出現を望みたいと思います。

(文中、プロレス関係者については敬称を略しました)

カバー・本文写真　山内 猛
編集協力　小松伸太郎
　　　　　松山 久
編　　集　飯田健之
DTP制作　三協美術
協　　力　株式会社スポーツコミュニケーションズ

馬場・猪木をもっと語ろう！
2023年11月6日　第1版第1刷

著　者　小佐野景浩　二宮清純
発行者　伊藤岳人
発行所　株式会社廣済堂出版
〒101－0052　東京都千代田区神田小川町
2－3－13　M&Cビル7F
電話 03-6703-0964（編集） 03-6703-0962（販売）
Fax 03-6703-0963（販売）
振替 00180-0-164137
https://www.kosaido-pub.co.jp/

印刷所
製本所　株式会社　暁印刷

装　幀　株式会社オリーブグリーン
ロゴデザイン　前川ともみ＋清原一隆（KIYO DESIGN）

ISBN978-4-331-52403-9 C0295